Jean Genet

Les Bonnes

VERSION DÉFINITIVE (1968)
suivie de la PREMIÈRE VERSION ÉDITÉE (1947)

Édition présentée, établie et annotée
par Michel Corvin
Professeur honoraire à l'Université de Paris-III

Gallimard

PRÉFACE

Une filiation multiple

Les bonnes sont-elles filles de personne ? Ont-elles au contraire trop de pères putatifs ? Leur filiation est problématique avec le Genet des romans plus ou moins autobiographiques, dont la rédaction s'arrête précisément au moment où la production des pièces va prendre le relais. L'auteur de Notre-Dame-des-Fleurs *ou du* Miracle de la rose *ne s'intéresse en effet qu'à un milieu interlope où des travestis mènent une existence marginale. Ils appartiennent, tels Divine ou Mimosa, à la famille des réprouvés glorieux qui prennent dans l'imaginaire une revanche sur leur condition de misère. Deux traits, sans doute, qui se retrouveront chez les bonnes, auxquels les lecteurs de* Haute surveillance *(publié en 1947 mais joué seulement en 1949) auraient pu ajouter la présence obsédante du bagne, exploité à la fois comme élément d'intrigue et comme représentant symbolique de l'univers carcéral où se débattent les bonnes. Cependant, la femme et encore moins la bourgeoise n'ont de place dans le personnel romanesque de Genet ; les relations affectives, d'amour-haine ou de jalousie, ne se conçoivent chez lui qu'entre garçons. À telle enseigne que de bons esprits — à commencer par Sartre — ont estimé que les bonnes n'étaient que des faux-semblants de femmes, destinés à donner le change à un public bourgeois (c'est celui du théâtre !) à qui répugnerait un climat, même allusif, d'homosexualité mâle.*

Pour justifier cette interprétation (qui a influencé maintes mises en scène), on s'est placé sous le patronage même de Genet écrivant dans Notre-Dame-des-Fleurs *: « S'il me fallait faire représenter une pièce théâtrale, où des femmes auraient un rôle, j'exigerais que ce rôle fût tenu par des adolescents, et j'en avertirais le public, grâce à une pancarte qui resterait clouée à droite ou à gauche des décors pendant toute la représentation »* (Œuvres complètes, *t. II, p. 140). Certes, mais jamais, quand sa pièce a été mise en répétition, Genet n'a soulevé le problème, ni auprès de Louis Jouvet à la création en 1947, ni lors de la reprise par Tania Balachova en 1954. D'ailleurs Genet se répondra à lui-même de la façon la plus nette dans l'interview qu'il accordera à José Monléon dans* Triunfo, *revue de théâtre espagnol, en novembre 1969 : « J'ai essayé [...]*

de rendre objectif tout ce qui jusqu'alors avait été subjectif, en le retraduisant devant un public visible. Ma position d'écrivain fut changée dès lors, car quand j'écrivais en prison, je le faisais pour des lecteurs solitaires ; quand je me suis mis au théâtre, j'ai dû écrire pour des spectateurs solidaires. Il fallait changer de technique mentale et savoir que j'écrivais pour un public qui serait chaque fois visible et nombreux [...]. » Si l'on adopte un point de vue plus esthétique que sociologique, on peut aussi suggérer qu'avec Les Bonnes *Genet coupe le cordon ombilical d'avec la prison pourvoyeuse de souvenirs et de thèmes, qu'il s'écarte du monde trop familier des voyous et des homosexuels, et qu'il laisse, en véritable auteur dramatique, ses personnages vivre d'une vie autonome dont la destinée fait à tout le moins semblant de lui échapper.*

Dès lors, si les bonnes sont bien ce qu'elles paraissent être, d'où viennent-elles ? De Cocteau, ont répondu maints critiques, et de sa chanson Anna la bonne, *chantée par Marianne Oswald. Les ressemblances sont effectivement troublantes :*

Mademoiselle
Mademoiselle Annabel Lee
Sans doute vous étiez trop bonne, trop
    belle et même trop jolie

On vous portait des fleurs comme sur
  un autel
Et moi j'étais Anna la bonne [...]
Nous autres les corridors
Mais vous c'était les médecines pour
  dormir
« Ma petite Anna voulez-vous me verser
  10 gouttes 10 gouttes pas plus »
Je les verse toutes ! Je commets un
  assassinat ! [...]
Ah... cette histoire me dégoûte
Un jour je finirai par sauter d'un balcon
Et cet enterrement ?
Auriez-vous une idée de ce qu'il coûte
Au prix où revient l'orchidée[1] ?

*Le calmant-poison, le balcon, l'enterrement, voilà
de quoi soutenir que Cocteau, avec sa chanson,
aurait fourni le thème de la pièce et en aurait même
— de l'aveu de Genet — suggéré le dénouement :
« Les Bonnes étaient informes quand je les ai don-
nées à Jouvet. Je les ai reprises sur son conseil et
c'est Cocteau qui a trouvé la chute » (interview par*

1. Cette chanson figure dans un disque compact intitulé *L'Art
de Marianne Oswald* où elle interprète deux chansons du poète.
L'enregistrement, introduit par la voix de Cocteau lui-même,
date du 13 mars 1934. Cette information est due à Yves Chevallier, dans son livre, *En voilà du propre ! Jean Genet et « Les Bonnes »*,
1998 (voir la Bibliographie).

Hélène Tournaire, La Bataille, *10 mars 1949),
Cocteau, qui avait pris une part active au lance-
ment théâtral de Genet en le présentant à Christian
Bérard, décorateur de la création, et à Louis Jouvet.*

*Un autre déclic de la pièce qui n'a échappé à per-
sonne, tant l'événement avait frappé les esprits par
son horreur dénuée de toute motivation perceptible,
fut le meurtre de leur patronne par les sœurs Papin
en 1933. Cette affaire criminelle hors du commun
avait passionné aussi bien des intellectuels comme les
docteurs Logre et Lacan que des amateurs de sensa-
tions fortes qui trouvèrent dans leur « illustré » pré-
féré,* Détective, *relation détaillée et photographies
suggestives. Genet, on le sait, était du nombre.*

*Sur ces deux sources, il convient de ne s'appuyer
qu'avec prudence. S'il est vrai que maints détails
sont identiques dans* Les Bonnes *et dans la chanson de Cocteau, s'il est vrai que Solange et Claire
ressemblent aux sœurs Papin, non par leur acte,
mais par leur psychisme torturé, les convergences
cessent vite d'être significatives. Autant les sœurs
Papin s'enfermèrent dans un mutisme qui contribua
pour beaucoup à leur image de monstres, autant les
bonnes de Genet sont loquaces, poussant l'introspec-
tion jusqu'aux raffinements psychologiques les plus
subtils, avec une jubilation de jongleuses de mots.
De plus, sans être l'inventeur du procédé, Genet*

*fait reposer la dramaturgie de sa pièce sur l'emboî-
tement du théâtre dans le théâtre et le dédoublement
à vue des personnages, avec cette idée, assez piran-
dellienne, que le théâtre finit par déteindre sur la
vie et la dévorer : il agit en artiste, non en chroni-
queur judiciaire.*

*Reste à déterminer la part réelle d'intervention de
Jouvet dans la mise au point d'une pièce dont les
variantes manuscrites se sont succédé entre juillet
1946, date de la rencontre du metteur en scène avec
l'écrivain, et avril 1947, date de la première[1]. Selon
certains témoignages, Jouvet aurait reçu des mains
de Genet, en septembre 1946, une œuvre informe
qu'il se serait chargé de remodeler et de rendre théâtrale, avec la participation plutôt réticente de
l'auteur. Si l'on ne peut rien avancer de précis sur
la nature de leur collaboration, on sait du moins,
sur le rapport même de Jouvet, comment il est entré
en contact avec Genet : Cocteau et Bérard avaient
insisté pour qu'il lise sa pièce ; il résidait alors au
château de Montredon, près de Marseille. À la question que le journaliste du* Courrier des spectacles
lui posera en avril 1947 : « Et qu'est-ce qui vous a

---

1. Ces variantes ont laissé une trace d'importance puisque, au
moment même où Jouvet présentait une version de la pièce allégée
par ses soins, Genet publiait dans la revue *L'Arbalète* l'autre version de son œuvre dont on lira le texte, ci-après, à la suite de la
version montée par Jouvet, revue par l'auteur, et dite « définitive ».

amené à monter Les Bonnes ? », *Jouvet répondra*
« *J'ai fait la connaissance de Jean Genet un jour à*
Marseille [soit entre le 15 juillet et le 15 août], à
mon retour d'Amérique du Sud. Il m'a fait lire sa
pièce, une pièce en quatre actes ; je l'ai lue et j'ai
pensé aussitôt : "Voilà un auteur dramatique." Mais
la construction même était impossible, je le lui ai
dit, sur le moment il a pensé : "Cet homme n'y com-
prend rien", mais quarante-huit heures plus tard il
me rapportait sa pièce condensée en un acte, ce qui
constituait un joli tour de force. Il m'a dit : "Vous
ne me jouerez pas... ?" Je lui ai répondu : "Si,
avec une pièce de Giraudoux." Il a cru que c'était
une blague ! »

De fait, on connaît l'existence d'un manuscrit
daté de juillet 1946, écrit à Cannes et comportant
quatre actes et six personnages. Selon l'habitude de
Genet, le texte en est rédigé sur la page de droite
d'un cahier d'écolier ; la couverture porte, en mention autographe, au crayon bleu : « Les Bonnes,
2 actes, 1ere version. » Néanmoins, malgré cette indication, le manuscrit propose bien quatre actes et
deux versions du dernier acte. Un certain nombre
d'ajouts sont portés sur la page de gauche, tracés
avec des encres différentes, comme d'ailleurs les ratures et corrections portées sur le texte même. De ce
fait, le texte n'a pas vraiment l'air d'un tout pre-

*mier jet, même si, hormis quelques papiers épars
ajoutés (plan, projet...), le tout semble plutôt écrit
sans hésitation.*

*Présentée en page 2 du manuscrit, la liste des six
personnages comprend Madame, Monsieur, amant
de Madame, Claire, Solange, le laitier et le commissaire de police. Et les quatre actes se partagent entre
la chambre de Madame, la chambre des bonnes, la
cuisine, à nouveau la chambre de Madame, mais
vue sous un angle différent. Quant aux dialogues,
on y trouve déjà presque tout le matériau des répliques qui va donner lieu à la version publiée, mais il
est distribué parfois à d'autres énonciateurs et émane
d'autres lieux d'énonciation. L'histoire racontée est
différente, ou plutôt différemment agencée sans que
Genet l'ait, plus tard, fondamentalement transfor-
mée : tout en conservant des pans entiers de sa nar-
ration, il a brouillé les pistes alors que l'on peut
vraiment suivre le déroulement de l'intrigue dans
cette (première) version. Voici ce qu'il en est : la
pièce commence comme dans les versions publiées par
la « cérémonie » de Claire et Solange et par l'allusion
aux gants de cuisine. Mais très vite Monsieur et
Madame arrivent. Monsieur n'est pas le mari de
Madame, mais son amant ; la femme de Monsieur
a été avertie de leur liaison et des lettres d'amour
de Monsieur à Madame ont disparu de la chambre*

de Madame : Monsieur soupçonne les bonnes. En attendant que les choses s'éclaircissent, Madame va se retirer avec elles à Ferrière dans son « château perdu ».

On assiste ensuite à une courte scène où le laitier entre par la fenêtre : c'est probablement un voisin et il continue à parler avec une femme qu'on entend sans la voir. Il se moque un peu des bonnes qu'il tente de séduire puis repart. Les bonnes ne veulent pas aller à Ferrière dans les « greniers » de ce « château perdu » ; elles ont peur de Monsieur.

Elles décident alors de tuer Madame.

Au dernier acte apparaissent d'abord Monsieur et Madame ; ils nous apprennent que Solange a été arrêtée et est interrogée dans sa chambre par le commissaire de police. En rentrant, Madame a trouvé Claire vêtue d'une de ses robes, étendue sur le linoléum : morte. Elle a été étranglée par Solange avec les gants de caoutchouc de la vaisselle. Dans la chambre des bonnes, le commissaire a retrouvé les lettres de Monsieur et un petit coffret. Mais les lettres étaient souillées : « Pas une qui ne porte une trace d'excrément », dit Madame. Dans la chambre, le commissaire a aussi trouvé des bouteilles de champagne. « De quelle marque ? », demande Madame. « Mercier », répond le policier. C'est le champagne de Madame.

Le commissaire informe Monsieur et Madame qu'il garde les lettres pour la poursuite de l'enquête et que Solange, hébétée, demande à venir reprendre, dans l'armoire de Madame, quelque chose qui lui appartient. Solange, entrée en scène, dit à Madame qu'elle est « son égale », qu'elle porte « la robe rouge des criminels », « qu'elle appartient à la police » ; elle demande au commissaire si Claire aura un bel enterrement. Celui-ci, très aimable, lui répond : « Oui, mon chou. » Solange reprend dans l'armoire de Madame une layette qu'elle y avait cachée ; elle repart avec le commissaire. Madame et Monsieur s'enlacent et s'embrassent.

Genet émaille son texte de réflexions sarcastiques qui montrent bien qu'il n'est pas dupe du roman-photo qu'il rédige : page 14, Madame dit à Monsieur : « Nous sommes aussi ridicules que des héros de romans pour femme de chambre », à l'acte 4 avant la tirade de Solange : « Venaient les maîtres d'hôtel, en frac [...] », Genet écrit : « (Elle parodie le 5ᵉ acte de l'Aiglon) ». Juste avant le rideau final, Monsieur se penche sur Madame, l'embrasse, dit Genet, « comme au cinéma, couché sur elle qu'il renverse ».

Antérieurement à ce manuscrit en quatre actes, il existerait même une version de la pièce à douze personnages dont l'élaboration remonterait aux an-

*nées 1943, si l'on en croit François Sentein. Mais
ce témoignage recueilli oralement n'est pas corroboré
(sans être contredit) par le premier contrat signé
par Genet le 1ᵉʳ mars 1943 avec Paul Morihien,
secrétaire de Cocteau : ce document fait état de cinq
pièces de théâtre, dont la première version de* Haute
surveillance, *encore intitulée* Pour la Belle, *mais
non des* Bonnes. *Une information précieuse cependant se découvre au dos de la couverture d'un exem-
plaire de l'édition originale de* Notre-Dame-des-
Fleurs, *sous forme d'indications manuscrites portées
sur une feuille collée : «* Épreuves du Miracle *[qui
était en préparation] ; terminer* Pour la Belle *; terminer* Les Bonnes *; épreuves des Poèmes. » Et ce,
à la date d'août 1945.* Les Bonnes *sont donc la
propriété exclusive de Genet, bien avant son entre-
vue avec Jouvet.*

*Or, dans l'interview qu'il a accordée à José Mon-
léon pour la revue* Triunfo *en novembre 1969,
Genet raconte de façon toute différente sa rencontre
avec Jouvet et la genèse de son œuvre, en contradiction, on le notera, avec ce qu'il avait dit vingt ans
auparavant à Hélène Tournaire (*La Bataille, *10
mars 1949) : «* Jouvet me dit qu'il voudrait que je
lui écrive une pièce pour la monter avec* L'Apollon
de Bellac *de Giraudoux. Elle devrait, en principe,
n'avoir que deux personnages et se dérouler dans un*

décor unique. Moi, je n'ai pas pris cela trop au sé-
rieux. Mais un mois plus tard, je l'ai rencontré et il
m'a demandé si j'avais déjà écrit la pièce. J'ai vu
que c'était sérieux et j'ai téléphoné à Cannes où je
devais retrouver un ami pour lui dire que je remettais
mon voyage. J'ai passé dix jours enfermé à l'hôtel et
j'ai écrit la première version des Bonnes. *Je l'ai lue*
à Jouvet et il m'a dit qu'il la représenterait. J'avais
obtenu qu'il m'accordât trois personnages au lieu de
deux. Il était convenu que les points de divergence
seraient discutés durant les répétitions.

» Jouvet me fit beaucoup d'observations ; par
exemple, la pièce se déroulait sur le palier d'un esca-
lier qui conduisait des appartements de la maîtresse
à la mansarde où dorment les bonnes. Jouvet me
demanda que tout eût lieu dans la chambre de la
maîtresse, peut-être parce que c'était un lieu conven-
tionnel et facile à accepter pour le public. Il m'obli-
gea aussi à raccourcir et à condenser le texte qui,
au début, était relativement plus long. Je crois que
le résultat de ces observations fut généralement posi-
tif, bien que la mise en scène ne m'ait pas plu. »
Les bonnes seraient donc, si l'on suivait Genet, des
filles nées sans père, produits du hasard et de l'op-
portunité. Plus vraisemblable est la version des faits
présentée par Jouvet, d'une œuvre déjà rédigée er
quatre actes et récrite, à la demande du metteur en

scène, pour la ramener à un seul. Mais comment expliquer cette divergence ?

Confiant ses souvenirs plus de vingt ans après les faits, il semble bien que Genet ait, sciemment pour une part, déformé la réalité. Il laisse entendre qu'il a écrit d'emblée une pièce à trois personnages, alors que l'existence d'une œuvre à six et même à douze personnages est attestée ; il fait état d'une localisation de l'action sur le « palier d'un escalier » alors qu'il n'en est fait mention nulle part dans les versions connues. Surtout il accrédite la légende d'avoir écrit cette pièce sur commande de Jouvet — il l'avait déjà dit, dédaigneusement, dans la Lettre à Pauvert qui précède l'édition de 1954 : « Commandée par un acteur célèbre en son temps, ma pièce fut donc écrite par vanité mais dans l'ennui. » Pourquoi cette attitude ? En sept ans, Genet a beaucoup changé : autant en 1947 il souhaitait la reconnaissance publique de sa qualité d'écrivain — car ses quatre romans parus antérieurement n'avaient été diffusés que sous le manteau —, autant en 1954, après le coup de gloire asséné par le Saint Genet de Sartre (paru en 1952), Genet semble désireux de rejeter tout un pan de son passé. Sans doute parce qu'il refuse l'idée qu'il soit, en écrivant du théâtre et en se faisant jouer, sorti de son plein gré de la marginalité et du statut d'exclu qui fondaient sa personnalité : sa

*vraie production littéraire, il la doit à la prison.
Rendu à la liberté, il n'est plus tout à fait lui-même,
mais il ne veut pas néanmoins aller jusqu'à jouer le
jeu du parisianisme littéraire : faute de s'instituer
en provocateur permanent de la société, à tout le
moins tient-il à éviter de paraître le pourvoyeur volontaire de ses plaisirs. Quitte à donner un sérieux
coup de pouce à la réalité !*

Une structure complexe

*À première vue, comme la pièce est d'une atmos-
phère constamment tendue et qu'elle se termine
par une mort, on est tenté de considérer* Les Bonnes
*comme une tragédie, et même comme une tragédie
classique : on y retrouve les fameuses unités. De
temps, puisque l'action se déroule de la soirée à une
heure du matin environ, d'action puisque tout tourne
autour du destin de deux bonnes ; de lieu, puisque
la chambre de Madame est le sanctuaire que les bonnes investissent pour leurs jeux destructeurs. Lancée
sur cette voie, la critique n'a pas hésité à déceler
dans la pièce un découpage qui correspond à celui
des cinq actes traditionnels : le premier acte, consa-
cré au jeu de la haine de Madame, est interrompu
par la sonnerie du réveil qui suspend le geste meur-*

trier de Solange et ramène les bonnes à leur statut
et à leur identité habituels. Deuxième acte fait de
retour à la réalité et d'explications, voire de règle-
ments de comptes, rendus nécessaires par toutes les
confusions de rôles et les dérives fantasmatiques du
premier. Un troisième acte s'annonce avec le coup
de téléphone de Monsieur qui oblige les bonnes à
adopter une autre tactique et à envisager comme
nécessaire et réalisable le meurtre de Madame. Quatrième acte : c'est le retour de Madame. Elle se lamente mélodramatiquement sur son sort, papillonne,
met ses bonnes à la question et disparaît en coup de
vent quand elle apprend que Monsieur l'attend au
Bilboquet. Cinquième et dernier acte quand les bonnes se retrouvent à nouveau seules et décident d'en
finir par un meurtre-suicide.

En fait ce découpage ne tient pas ; il est beaucoup trop global, grossier même, pour rendre compte
des revirements qui dotent la pièce d'une structure
originale et ne coïncident pas avec une distribution
en cinq actes.

Le premier moment plonge le spectateur — plus
encore que le lecteur qui, lui, est guidé par des indications scéniques qui appellent les personnages par
leurs « vrais » noms — non seulement in medias
res, mais dans une surimpression telle du rêve et de
la réalité qu'il est impossible de s'y retrouver. En

compensation, le deuxième moment est de répit, de clarification et de commentaire. Bien plus, il coïncide avec ce que la dramaturgie classique appelle l'exposition. Les reproches mutuels que s'adressent les bonnes sont en forme de retour sur le passé : sur la lettre de dénonciation, sur l'arrestation de Monsieur, sur la tristesse de Madame, sur la mansarde et sur le laitier. Il y est beaucoup question de l'attrait érotique que Monsieur, à son corps défendant, exerce sur les deux bonnes qui se disputent, avec hargne, l'honneur de l'accompagner au bagne, « un beau rêve ! ». Il est bien question aussi de la tentation, inaboutie jusqu'ici, d'étrangler Madame. On apprend encore que les bonnes se livrent tous les soirs, en alternant les rôles, à leurs manigances de mythomanes, ce qui imprime à la pièce un caractère cyclique, caractéristique étrangère à la conception linéaire et progressive de la dramaturgie classique et s'ajoute à l'autre entorse faite à cette dramaturgie : l'acte premier est placé en seconde position.

Le coup de téléphone de Monsieur fait s'écrouler d'un coup tout l'échafaudage assez enfantin que Claire et Solange croyaient avoir mis parfaitement sur pied. Elles décident donc d'en finir en empoisonnant Madame, ce qui correspond, en dramaturgie classique, au projet, à l'enjeu ouvert sur le présent-futur, placé d'ordinaire en début de pièce. Chez

Genet, c'est à la presque mi-temps de l'œuvre que les bonnes s'expriment pour la première fois au présent : le temps de la fiction coïncide enfin avec le temps de la représentation. La solution du gardénal étant rapidement adoptée, les deux bonnes, en attendant l'arrivée de Madame, récupèrent pour leur compte le thème du bagne : si Claire assassine Madame, sa sœur l'y accompagnera, toute innocente qu'elle sera. Pour Claire, elle tiendra le rôle qui fut celui de saint Vincent de Paul auprès des galériens. C'est dans cette référence, non explicite ici mais familière à Genet, que la fameuse formule du « couple éternel, du criminel et de la sainte », trouve sans doute son origine, quitte à prendre ensuite des dimensions plus philosophiques, Genet estimant que les saints et les criminels appartiennent à la même famille de réprouvés. Après quoi, comme soudées indéfectiblement l'une à l'autre, et toujours dans leur fantasme de roman-photo, que n'alimente plus aucun élément étranger, les bonnes suspendent le temps pour une intense et rapide jouissance de la solitude à deux, heureuses. C'est, de toute la pièce, le seul moment de bonheur, où il n'est pas nécessaire de chercher — même s'ils sont justifiés par d'autres versions du texte — des arrière-fonds d'érotisme incestueux.

Dramatiquement, la courte intervention de Madame a pour résultat (et sans doute pour objet si l'on pouvait reconstituer la genèse de l'œuvre) de faire échouer le projet d'empoisonnement ; elle constitue donc une seconde péripétie, de même nature d'ailleurs que la première et la prolongeant : comme l'appel téléphonique de Monsieur avait obligé les bonnes à changer de stratégie, le refus de Madame de boire le tilleul va les contraindre à chercher une nouvelle issue, mais dans une urgence et une tension de plus en plus grandes du fait d'une impuissance et d'une fragilité à chaque instant plus manifestes. Il est notable que le thème du bagne continue à dominer ce moment du texte, Madame partageant avec ses bonnes la même mythologie du bandit héroïque et de l'hétaïre toute dévouée à son mâle, fruit sans doute des mêmes lectures d'illustrés spécialisés tels que Détective.

Madame échappée, le monologue de Claire a valeur de bilan ; il a aussi l'intérêt dramatique de faire transition entre deux moments très contrastés de la pièce : la sortie tonitruante de Madame (claquant la porte) et l'abattement nourri d'aigreur des bonnes ; elles retrouvent leur rancœur à l'égard de Madame, leur haine réciproque, leur sentiment d'échec. L'élément nouveau, et pour ainsi dire en attente d'exploitation, est représenté par le bol de tilleul empoisonné. Les bonnes en sont arrivées à un point où, à une séquence de jeu (placée au début du texte), ont succédé des séquences de retour au réel (les deuxième, troisième et quatrième) qui rendent désormais vaine et dangereuse une reprise du même système de revanche par le travestissement. L'invention des bonnes — et de Genet — va être de mêler le jeu et la vie, si bien que la pièce, changeant totalement d'orientation et de portée, s'élève à un niveau philosophique autrement riche — tout en s'appuyant sur eux — que les fantasmes habituels à Solange et à Claire.

Ce changement de régime de la pièce s'opère en deux temps : en utilisant le « vous », Solange pousse sa sœur à se prendre à nouveau au jeu (ce qu'elle fera bientôt en enfilant la robe blanche) non sans avoir, en trois répliques étonnantes, fait le récit de ce qu'aurait été l'empoisonnement réussi de Madame. En une sorte de prosopopée, Solange explique à Madame absente (en fait pas tout à fait, car Claire reçoit ces phrases comme si elles lui étaient adressées) non seulement comment elle s'y serait prise mais comment elle aurait amené Madame à réclamer elle-même sa mise à mort ! Solange est emportée en une confusion mentale qui va servir de déclic au délire final : elle en constitue donc le premier temps.

Mais l'on est encore dans le jeu : à preuve l'attitude inconséquente de Solange dont la versatilité est

*à la mesure de son exaltation et de sa violence, y
compris dans son fameux monologue que l'on pourrait nommer « le théâtre de Solange » pour en souligner le caractère fabriqué de performance sans
autre suite que l'effondrement de la comédienne. On
croirait que la pièce se rejoue, identique à son début,
dans un simple retour* da capo. *Mais à l'instant
précis où Claire déclare (c'est un dénouement en
forme de résolution des impossibilités) qu'elle veut
boire le tilleul empoisonné se profile une nouvelle et
dernière péripétie à quoi la structure de la pièce doit
d'être à la fois cyclique et progressive : elle se termine comme elle a commencé par le jeu de la haine
réciproque, mais elle a retenu, au fil des séquences, le
motif du meurtre. La synthèse du jeu et de la vie est
réalisée, du fait que Claire sait très bien qui elle est
et que sa sœur Solange (elle l'appelle par son vrai
nom) est en face d'elle. Nulle hystérie dans cette
marche à la mort. À nouveau, les deux filles sont
emportées par le fantasme du bagne : c'est leur jardin d'Éden. Elles y auront enfin accès, Solange,
physiquement, en tant qu'empoisonneuse criminelle,
et Claire, mentalement, portée par sa sœur. Le
bagne leur est promesse de liberté, liberté pour avoir
commis, ensemble, l'acte qui ennoblit, un meurtre.
Solange et Claire souffrent d'ontalgie, la maladie
de l'être : elles n'en peuvent plus de leur aliénation,*

d'être pour et par autrui, beaucoup plus que d'une condition servile dont les signes sont d'ailleurs très discrets. Sans doute sont-elles aliénées par leur statut social de servantes : elles appartiennent à la « maison » de Madame. Ce qui favorise le glissement hors de soi, dans une métamorphose incomplète où l'être rêvé de Madame se surimprime à l'être réel de la bonne pour constituer un mixte, à l'évidence absurde. Pour autant, ce mélange ne perd rien de son pouvoir de suggestion hypnotique sur des esprits fragiles et déjà tout acquis aux dérives et aux délices de l'imaginaire. Les bonnes entreprennent de conquérir le lieu de l'être, le bagne, par Monsieur interposé, mais elles se rendent compte que conquérir le lieu sans conquérir l'être n'est qu'un leurre : il faut accéder à l'être qui donne à son tour accès à ce lieu. Cet être ne peut s'atteindre que par le crime, et l'un des plus intimes, le fratricide.

Les Bonnes est une pièce-nostalgie. Sa courbe générale consiste à passer du fantasme du salut par le bagne à sa réalisation, étant entendu que la réalisation tient encore du fantasme puisque le bagne, ce nouveau paradis des réprouvés, n'existe plus à l'époque où Genet compose sa pièce. Il n'empêche : tout ce qui n'était que littérature (Détective) ou scénario minable (la dénonciation de Monsieur) s'est inscrit dans la réalité charnelle et psychique des

*deux bonnes : elles sont devenues LA Lemercier.
Elles ont atteint la Vie par la mort. Mourir pour
renaître, et en mieux, n'est-ce pas une vieille idée
qu'ont exploitée bien des religions et des plus anciennes ? Mais la structure de la tragédie classique
à la française n'y est pour rien. Assez curieusement,
c'est de la conception aristotélicienne de la tragédie
que se rapprocherait plutôt la pièce, pour la place
qu'elle accorde aux péripéties et à la reconnaissance : triple péripétie, on l'a vu, et d'importance
puisque la dernière (la décision de Claire de boire le
tilleul) renverse totalement le schéma de la pièce ;
reconnaissance puisque l'entreprise de Solange et de
Claire est bien d'accéder, par toute une série de
faux-semblants et de métamorphoses, à leur identité
vraie. Il ne convient pas seulement qu'elles se recon-
naissent pour ce qu'elles sont mais, comme le proclame Solange dans son monologue, que le monde
entier — Madame, Monsieur, le commissaire de
police, la foule en cortège... — les identifie dans
leur qualité essentielle, d'êtres-pour-le-bagne.*

Femmes entre elles

*Par son mot cinglant sur le syndicat des gens de
maison lancé dans* Comment jouer « Les Bonnes »

pour parer à tout gauchissement d'interprétation,
Genet avait bien raison d'écarter de sa pièce toute
tentative de la lire comme la peinture d'un milieu
et, partant, comme la dénonciation de la servitude
ancillaire. Si ce n'avait pas été le cas, on eût été en
droit de s'étonner devant bien des invraisemblances
et des bizarreries. Qui, en effet, est Madame ? Une
femme entretenue sans doute, et entretenue sur un
pied de haute bourgeoisie. Elle s'habille chez Lanvin
qui conçoit pour elle des modèles exclusifs ; elle pos-
sède un grand appartement avec, outre sa chambre
luxueuse, de longs couloirs, une salle de bains, une
cuisine avec office et des chambres de service sous les
toits ; elle a du personnel en nombre : une cuisinière,
un valet de chambre et deux bonnes ; elle ignore tout
de ce qui se passe dans la cuisine et néanmoins c'est
elle qui s'occupe du linge, donne directement à ses
bonnes des ordres ménagers et se transforme en petite
bourgeoise de province · « Passe-moi la serviette !
Passe-moi les épingles à linge ! Épluche les oignons !
Gratte les carottes ! Lave les carreaux. » On se de-
mande à quoi sert la cuisinière et pourquoi les bonnes
font une telle fixation sur la cuisine (« avoir un four-
neau comme autel ») qui, en principe, quoi qu'en
dise Madame, n'est pas leur « domaine ».

La raison en est que la cuisine a une valeur sym-
bolique : elle est pour Genet le lieu des mauvaises

odeurs (« le rot silencieux de l'évier ») ; odeurs char-
gées, pour lui, de vibrations négatives et dysphori-
riques tellement fortes que, lorsqu'il veut évoquer
ce qu'il y a de plus répugnant, c'est à l'odeur qu'il
songe : les bonnes sentent le fauve ; les mansardes
diffusent une odeur infecte qui se répand ensuite dans
l'appartement ; les bonnes sont l'une pour l'autre
une mauvaise odeur : « J'en ai assez de ce miroir
effrayant qui me renvoie mon image comme une
mauvaise odeur. Tu es ma mauvaise odeur. » Et
pour les maîtres, semblablement : « Les domestiques
[...] sont une exhalaison qui traîne dans nos cham-
bres, dans nos corridors, qui nous pénètre, nous entre
par la bouche, qui nous corrompt. » Et si Genet
veut les comparer à d'autres rebuts de la société,
c'est aux fossoyeurs et aux vidangeurs qu'il pense !
Odeur de pourriture et de mort à laquelle n'échap-
pent pas non plus les fleurs. Claire jouant à Ma-
dame, le dit d'entrée : « Il y a trop de fleurs. C'est
mortel », idée que reprendra Madame en d'autres
termes : « [...] un beau jour je m'écroulerai, morte
sous vos fleurs. Puisque c'est mon tombeau que vous
préparez, puisque depuis quelques jours vous accu-
mulez dans ma chambre des fleurs funèbres. » Et
quand elle retrouve, avec Monsieur libéré, le goût
de vivre, son dernier ordre à ses bonnes est : « Em-
portez-moi ces fleurs. » L'enrichissement symbolique

des objets et des accessoires n'est pas la moindre qualité dramatique d'une pièce qu'on pourrait croire uniquement soucieuse de « beau langage », pour reprendre le mot par lequel Jouvet définissait le théâtre. Qu'on songe au pouvoir malfaisant dont sont dotés les meubles de la chambre de Madame : ils prennent comme un plaisir malin à trahir les bonnes : « Il faut que nous soyons de bien grands coupables pour qu'ils nous accusent avec un tel acharnement », constate Claire.

En comparaison, la puissance supposée la plus ennemie, Madame, apparaît anodine, si on veut bien la juger non sur les propos venimeux que lui prêtent Claire et Solange, mais sur ce qu'elle dit effectivement. Elle est sans doute égoïste et futile, romanesque jusqu'au ridicule et à l'emphase, très proche aussi de ses bonnes dont elle partage le même topos *de l'amante au grand cœur, sorte de Manon Lescaut embourgeoisée, habitée par des lectures de romans du second rayon quand ce n'est pas tout simplement de feuilletons. Au point qu'on s'est posé sérieusement — mais inutilement — la question de savoir si elle ne serait pas un fantasme de plus émanant de l'esprit troublé des bonnes ! Il serait plus judicieux de constater que le thème du bagne trouve son origine non dans le profil psychosocial des trois femmes, mais dans le plus profond des obsessions de*

Genet lui-même. N'a-t-il pas mis en chantier en 1952 une œuvre nommée Le Bagne, *à la fois pièce de théâtre et scénario de film, dont il a poursuivi la composition jusqu'en 1965, incapable de l'achever, moins par impuissance de créateur que par impossibilité de se délivrer d'une des composantes majeures de son* ego.

Quant à Madame, elle est croquée sur le vif et sa phrase sur les robes qu'elle doit acheter, si elle en veut, a été textuellement recueillie par Genet de la bouche d'une mondaine et a, dit-il, été le déclic de sa pièce. Mieux, Genet fait saisir, avec cet humour pince-sans-rire dont il a le secret, le double régime du discours de Madame : en surface, elle fait des phrases pour dire son désespoir ; en profondeur, pas le moindre détail dans la position des objets ou les attitudes de ses bonnes n'échappe à son œil scrutateur. Moins stupide qu'on pourrait croire, Madame est un personnage complexe jusqu'à la contradiction : elle entre en riant et se dit brisée ; elle est persuadée de l'innocence de Monsieur et elle envisage une nouvelle vie sans lui à la campagne, avec ses bonnes. Néanmoins ces contradictions ne nuisent en rien à la solidité du personnage : c'est une vraie patronne sachant alterner des remarques sèches et précises avec ce qu'il faut de propos aimables et même affectueux qui en gomment la sévérité.

D'où vient alors que les bonnes la haïssent au point de vouloir la tuer ? Ce qui leur répugne le plus n'est ni sa dureté ni son mépris mais, tout au contraire, sa bonté. « Avec sa bonté, Madame nous empoisonne », cette phrase pourrait bien donner la clé de leur pulsion meurtrière : les bonnes sont aliénées par toutes les qualités de Madame ; sa bonté, sa beauté, son élégance ont sur elles une telle emprise qu'elles ne s'appartiennent plus ; Madame vit en elles comme un corps étranger, mais séducteur, qu'elles se savent incapables de rejeter. Ce qui en même temps les révulse et leur procure un trouble, mais intense, plaisir : celui de transformer en jeu les signes mêmes de leur aliénation.

Peut-être ce sentiment de dépossession est-il vécu à un autre niveau, plus profond, sous la forme de ce qu'on pourrait appeler la gemellité mentale des bonnes, qui va bien au-delà de l'échange d'identité auquel elles se livrent lors de leur « cérémonie » : elles sont l'une pour l'autre un exact miroir de leur abjection. « Je n'en peux plus de notre ressemblance », lance Solange, sur quoi Claire enchaîne : « J'en ai assez de ce miroir effrayant qui me renvoie mon image comme une mauvaise odeur. » Quand elles reprendront leur jeu morbide à la fin, Claire, travestie en Madame, dira encore : « Claire ou Solange, vous m'irritez — car je vous confonds

[...]. » La relation à un double de soi est ambivalente, à la fois insupportable et inéluctable : « Si je n'ai plus à cracher sur quelqu'un qui m'appelle Claire, dit Solange, mes crachats vont m'étouffer ! » Cet effet-miroir aiguise la conscience malheureuse et une première étape vers la libération serait de briser le miroir, de supprimer l'autre. C'est bien ce qui se passe à la fin de la première séquence de jeu : « Elle *[Solange]* semble sur le point d'étrangler Claire. Soudain un réveille-matin sonne. Solange s'arrête. » *S'arrête-t-elle parce que la sonnerie brise son élan ou parce que le jeu est si parfaitement minuté qu'il est prévu de l'interrompre à l'instant précis du geste meurtrier ? Impossible de trancher si l'on en juge par les commentaires que les bonnes font de ce qui vient de se passer et... qui se passe tous les soirs. Assassinat totalement programmé, et contrôlé pour ne pas avoir lieu, mais aussi risque d'un geste irréparable :* « Quand nous accomplissons la cérémonie, je protège mon cou. C'est moi que tu vises à travers Madame, c'est moi qui suis en danger. » *Madame ne serait donc qu'un prétexte, un abcès de fixation pour une haine recuite qui ne la concerne pas en tant que personne privée, mais seulement en tant que support d'une relation de dépendance. Le règlement de comptes à deux, sous le regard d'un troisième, témoin ou cata-*

lyseur (ce qui était déjà le cas dans Haute surveillance), *trouvera son issue à la toute fin de la pièce
quand les bonnes auront réussi à faire coïncider leur
jeu avec leur haine de soi et de Madame, dans une
surimpression des identités.*

*Mais avant d'en arriver là les bonnes manifes-
tent des différences sensibles de tempérament : elles
ne s'engagent pas de la même façon dans le jeu
et dans l'action ; elles n'avancent pas à la même
allure ni à la même hauteur : « Tu n'es pas aussi
au-delà que moi, proclame Claire. Tu ne vis pas
au-dessus de la cime des arbres. » C'est à ce décalage des rythmes pulsionnels que la pièce doit une
bonne part de son mouvement dramatique, fait de
moments d'attaque et de repli alternés, à l'initiative
tantôt de l'une, tantôt de l'autre, parfois des deux
ensemble. Ce contraste apparaît pleinement, entre
autres, dans la deuxième séquence de la pièce, si-
tuée entre la sonnerie du réveil et celle du téléphone.
Les indications scéniques sont déjà révélatrices de la
distance qui sépare Claire de Solange : « lassitude »,
« elle pleure », « elle rit nerveusement », pour
Claire ; « dure », « violente », « indignée », « agressive », pour Solange. Nostalgique et dolente, Claire
s'attendrit sur ses souvenirs heureux et s'apitoie sur
Madame. Solange éructe sa haine en des termes
brutaux où sa sœur et Madame sont traitées à peu*

près avec la même hargne : « Qu'elle en claque ! Et que j'hérite, à la fin ! Ne plus remettre les pieds dans cette mansarde sordide [...]. » Cela pour Madame et, pour sa sœur : « Je ne te crains pas. Je ne doute pas de ta haine, de ta fourberie, mais fais bien attention. » Autre exemple, avec double inversion d'attitude : après le départ de Madame, Claire réinstaure le jeu en revêtant sa robe blanche ; Solange répugne à la suivre et a du mal à résister à la beauté magnétique de Madame. C'est Claire alors qui prend le relais de la violence avec des injures qui vont bien au-delà de tout ce qu'a pu dire Solange, dans le jeu aussi bien que hors jeu. Mais, quand Claire a réussi à faire « monter » sa sœur (c'est le terme que Solange emploie), elle n'a plus assez de ressources pour la suivre et retombe épuisée, tandis que Solange pousse à nouveau le simulacre jusqu'au seuil du meurtre, comme à la fin de la première séquence. Solange souffre de mythomanie aggravée puisqu'elle ressent le tangage du bateau qui emmène Monsieur au bagne et que son visage est illuminé par le soleil de la Guyane !

On constate aussi qu'il n'y a pas pour chacune le même écart entre ce qu'elle joue à être et ce qu'elle est : dans le jeu Claire apparaît impérieuse et cassante tandis que sortie de son rôle elle est, le plus souvent, timide, douce, timorée jusqu'à la passivité.

Solange offre davantage de continuité entre son rôle et sa « vraie » personnalité : elle est volontiers surexcitée et sa violence explosive la mènerait rapidement aux voies de fait si sa démesure verbale ne lui était plutôt un exutoire qui la dispense de passer à l'acte. Plus elle surchauffe sa parole, plus le retour au réel la laisse abattue et démunie : « Que je parle. Que je me vide », dit-elle.

De fait, elle se vide, mais surtout dans un imaginaire où, en proie à une sorte de transe, hallucinée, elle joue à elle seule tout un drame, le drame du meurtre de sa sœur-Madame, de sa condamnation et de sa mort. Ce fameux monologue, situé presque à la fin de la pièce, est si riche et complexe qu'il vaut la peine d'en suivre les étapes qui s'enchaînent avec la rapidité et la gratuité du rêve et emportent Solange dans une série de métamorphoses relevant d'une logique passionnelle. En tuant magiquement Claire-Madame, Solange supprime Madame, délivre sa sœur d'une vie insupportable et se promet elle-même au châtiment suprême. Elle s'installe dans un fantasme lucide, un jeu conscient, car elle marche sur Claire, qu'elle ne confond pas avec Madame, et néanmoins, l'instant d'après, elle attribue le cri de sa sœur à Madame. Après le cri commence le monologue.

Il se déroule comme suit : menaces de mort ; semblant de meurtre (elle pousse Claire) ; constat de la

mort de Madame. Madame vient saluer... la meur-
trière qui lui dit de rester assise (comme on dit à un
inférieur de rester couvert) ; elle a mis une robe
noire de circonstance. La parole est alors à Madame.
Par un saut dans le temps, on est déjà à la sortie du
cimetière où Madame reçoit les condoléances en tant
que membre de la famille de la défunte. Solange
s'adresse alors à elle : par son crime elle s'est élevée
à sa hauteur, ce qui n'est pas sans rappeler l'atti-
tude de Lefranc en face de Yeux-Verts dans Haute
surveillance, *car le crime seul permet d'accéder à*
un état supérieur. S'instaure ensuite une scène à
trois où Solange s'adresse successivement : au com-
missaire de police, pour refuser de répondre à ses
questions ; à Madame, pour déclarer qu'elle n'a
plus besoin de ses robes puisqu'elle a choisi la sienne,
« la toilette rouge des criminelles » ; à Monsieur,
pour répliquer à ses critiques et l'entendre lui par-
donner son acte ; à nouveau à Madame au cours
d'un long dialogue (à une voix) où Solange lui
donne de bons conseils pour se remettre de sa peur.
Suit toute une série d'interrogations oratoires où
Solange suppose qu'on veut la faire taire ou qu'on
l'interroge sur sa sœur. Mais par son meurtre elle en
a fini de son statut servile, pour gagner une solitude
héroïque, assez semblable à celle de Lefranc décla-
rant en dernière réplique de Haute surveillance :

« *Je suis vraiment tout seul.* » *Nouvelle adresse à l'inspecteur avec, en incise, une phrase en hors jeu destinée à Claire, bien vivante en face d'elle.*

La coulée du monologue est interrompue par une indication scénique où, habilement, Genet ébauche pour Solange un mouvement de sortie, mais vers le balcon. Toute la description du cortège funèbre qui suit en prend davantage valeur de projection imaginaire. Solange, « le dos au public », *lui raconte ce qu'elle voit avec les yeux de l'esprit, dans un curieux mélange de deux cérémonials : elle est à la fois une reine conduite à l'échafaud par le bourreau et une bonne à qui toute la domesticité du quartier fait cortège. De plus elle combine des éléments médiévaux (torche de neuf livres, glas, pénitents à l'espagnole, bourreau) avec ceux de l'Ancien Régime (laquais en culotte) et ceux d'un convoi moderne (les maîtres d'hôtel en frac, sans revers de soie). Il est étrange aussi que pour monter à l'échafaud elle descende* « le grand escalier ». *Il y a de la mise en scène dans tout cela et une parodie d'exécution royale, notamment avec la phrase :* « *Viennent les concierges, viennent encore les délégations du ciel.* » *Du fait de l'écrasement des temps, bien des phrases restent obscures. Il est question d'un enterrement : est-ce celui de Claire ou le sien propre ? D'autant qu'à la fin le* « *On lui a fait un bel enterrement,*

n'est-ce pas ? » laisse entendre qu'elle s'imagine
déjà morte. Elle s'effondre mais, dans un dernier
sursaut, elle se relève pour renouveler son refus de
dialoguer avec Madame et proclamer son identité,
identité double face puisque, dit-elle, « nous sommes
mademoiselle Solange Lemercier ». « Nous », que l'on
peut prendre pour un pluriel de majesté mais, tout
autant et plus, pour le signe de l'osmose, en sa seule
personne, de sa sœur et d'elle.

Solange, pour ainsi dire, se regarde passer du haut
du balcon, puis le texte glisse de la troisième personne
à la première ; de narratrice, elle devient l'actrice
de cette cérémonie funèbre qui mêle le passé (« ont
accompagné »), le présent (« déroule sa pompe ») et
le futur (elle « sera conduite »). Mais tout cela n'est
que théâtre : le retour a la réalité trahit son artifice et
son échec : « Il est tard. Tout le monde est couché.
Ne continuons pas. » Finalement Solange n'avait
« tué » sa sœur que « pour de rire ».

Sans doute, mais cette dérision s'inscrit dans un
rituel d'identification et de meurtre qu'explique le
statut des bonnes. Nées sans père, elles sont également
nées sans mère, nées du moins d'une mère de
substitution, Madame, qui les dorlote et les mori-
gène comme ses enfants. Attitude très propre à pro-
voquer la double réaction de Solange et Claire,
d'adoration et de haine. La répétitivité de leur jeu,

à cet égard, signalerait moins le caractère sacré de leur « cérémonie » que leur incapacité à se dégager d'une présence obsédante qui leur colle littéralement à la peau, douce et insoutenable à la fois. Il faut prendre au pied de la lettre les éloges exaltés que les deux bonnes, alternativement, font du corps et du cœur de Madame, comme leurs débordements d'injures. Mais il est connu que l'on retourne contre soi-même une violence dirigée sur autrui et que l'on est incapable de mener à son terme. Or le meurtre de Madame est rendu impossible par l'ambivalence même des sentiments que les bonnes lui portent. Il ne leur reste plus qu'une issue : satisfaire par un meurtre-suicide à la fois leur désir de tuer et la conscience de leur impuissance.

Michel Corvin

Les Bonnes

VERSION DÉFINITIVE

Cette version (dite « version définitive ») avait été publiée pour la première fois en 1954 aux Éditions Jean-Jacques Pauvert (dans un volume qui comprenait en outre la version éditée en 1947 que nous présentons ci-après). Genet la révisa soigneusement en 1968 au moment de la parution de la pièce dans le tome IV de ses Œuvres complètes ; il revit en outre, à cette occasion, le texte « Comment jouer "Les Bonnes" » qui accompagne la pièce depuis 1963.

COMMENT JOUER
« LES BONNES »

Furtif[1]. *C'est le mot qui s'impose d'abord. Le jeu théâtral des deux actrices figurant les deux bonnes doit être furtif. Ce n'est pas que des fenêtres ouvertes ou des cloisons trop minces laisseraient les voisins entendre des mots qu'on ne prononce que dans une alcôve, ce n'est pas non plus ce qu'il y a d'inavouable dans leurs propos qui exige ce jeu, révélant une psychologie perturbée : le jeu sera furtif afin qu'une phraséologie trop pesante s'allège et passe la rampe. Les actrices retiendront donc leurs gestes, chacun étant comme suspendu, ou cassé. Chaque geste suspendra les actrices. Il serait bien qu'à certain. moments elles marchent sur la pointe des pieds, après avoir enlevé un ou les deux souliers qu'elles porteront à la main, avec précaution*[2], *qu'elles le posent sur un meuble sans rien cogner — non pour ne pas être entendues des voisins d'en dessous, mais parce que ce geste est dans le ton. Quelquefois, les voix aussi seront comme suspendues et cassées.*

Ces deux bonnes ne sont pas des garces[3] *: elles ont vieilli, elles ont maigri dans la douceur de Madame. Il* *ne faut pas qu'elles soient jolies*[1], *que leur beauté soit donnée aux spectateurs dès le lever du rideau, mais il faut que tout au long de la soirée on les voie embellir jusqu'à la dernière seconde. Leur visage, au début, est donc marqué de rides aussi subtiles que les gestes ou qu'un de leurs cheveux. Elles n'ont ni cul ni seins provocants : elles pourraient enseigner la piété dans une institution chrétienne. Leur œil est pur, très pur, puisque tous les soirs elles se masturbent et déchargent en vrac, l'une dans l'autre, leur haine de Madame. Elles toucheront aux objets du décor comme on feint de croire qu'une jeune fille cueille une branche fleurie. Leur teint est pâle, plein de charme. Elles sont donc fanées, mais avec élégance ! Elles n'ont pas pourri.*

Pourtant, il faudra bien que de la pourriture apparaisse : moins quand elles crachent leur rage que dans leurs accès de tendresse.

Les actrices ne doivent pas monter sur la scène avec leur érotisme naturel, imiter les dames de cinéma. L'érotisme individuel, au théâtre, ravale la représentation. Les actrices sont donc priées, comme disent les Grecs, de ne pas poser leur con sur la table[2].

Je n'ai pas besoin d'insister sur les passages « joués » et les passages sincères : on saura les repérer, au besoin les inventer

Quant aux passages soi-disant « poétiques », ils seront dits comme une évidence, comme lorsqu'un chauffeur de taxi parisien invente sur-le-champ une métaphore

argotique : elle va de soi. Elle s'énonce comme le résultat d'une opération mathématique : sans chaleur par-
ticulière. La dire même un peu plus froidement que le
reste.

L'unité du récit naîtra non de la monotonie du jeu,
mais d'une harmonie entre les parties très diverses, très
diversement jouées. Peut-être le metteur en scène devra-
t-il laisser apparaître ce qui était en moi alors que j'écrivais la pièce, ou qui me manquait si fort : une certaine
bonhomie, car il s'agit d'un conte.

« Madame », il ne faut pas l'outrer dans la caricature.
Elle ne sait pas jusqu'à quel point elle est bête, à quel
point elle joue un rôle, mais quelle actrice le sait davantage, même quand elle se torche le cul ?

Ces dames — les Bonnes et Madame — déconnent ?
Comme moi chaque matin devant la glace quand je me
rase, ou la nuit quand je m'emmerde, ou dans un bois
quand je me crois seul : c'est un conte[1], c'est-à-dire une
forme de récit allégorique qui avait peut-être pour premier but, quand je l'écrivais, de me dégoûter de moi-même
en indiquant et en refusant d'indiquer qui j'étais, le but
second d'établir une espèce de malaise dans la salle...
Un conte... Il faut à la fois y croire et refuser d'y croire,
mais afin qu'on y puisse croire il faut que les actrices ne
jouent pas selon un mode réaliste.

Sacrées ou non, ces bonnes sont des monstres, comme
nous-mêmes quand nous nous rêvons ceci ou cela. Sans

pouvoir dire au juste ce qu'est le théâtre, je sais ce que je lui refuse d'être : la description de gestes quotidiens vus de l'extérieur[1] *: je vais au théâtre afin de me voir, sur la scène (restitué en un seul personnage ou à l'aide d'un personnage multiple et sous forme de conte) tel que je ne saurais — ou n'oserais — me voir ou me rêver, et tel pourtant que je me sais être. Les comédiens ont donc pour fonction d'endosser des gestes et des accoutrements qui leur permettront de me montrer à moi-même, et de me montrer nu, dans la solitude et son allégresse.*

Une chose doit être écrite : il ne s'agit pas d'un plaidoyer sur le sort des domestiques. Je suppose qu'il existe un syndicat des gens de maison — cela ne nous regarde pas.

Lors de la création de cette pièce, un critique théâtral faisait la remarque que les bonnes véritables ne parlent pas comme celles de ma pièce : qu'en savez-vous ? Je prétends le contraire, car si j'étais bonne je parlerais comme elles. Certains soirs.

Car les Bonnes ne parlent ainsi que certains soirs : il faut les surprendre, soit dans leur solitude, soit dans celle de chacun de nous.

Le décor des Bonnes. *Il s'agit, simplement, de la chambre à coucher d'une dame un peu cocotte et un peu bourgeoise*[2]. *Si la pièce est représentée en France, le lit sera capitonné — elle a tout de même des domestiques — mais*

discrètement. *Si la pièce est jouée en Espagne, en Scandi-
navie, en Russie*[1]*, la chambre doit varier. Les robes,
pourtant, seront extravagantes, ne relevant d'aucune
mode, d'aucune époque. Il est possible que les deux bonnes déforment, monstrueusement, pour leur jeu, les robes
de Madame, en ajoutant de fausses traînes, de faux
jabots, les fleurs seront des fleurs réelles, le lit un vrai lit.
Le metteur en scène doit comprendre, car je ne peux tout
de même pas tout expliquer, pourquoi la chambre doit
être la copie à peu près exacte d'une chambre féminine,
les fleurs vraies, mais les robes monstrueuses et le jeu des
actrices un peu titubant.*

*Et si l'on veut représenter cette pièce à Épidaure ? Il
suffirait qu'avant le début de la pièce les trois actrices
viennent sur la scène et se mettent d'accord, sous les yeux
des spectateurs, sur les recoins auxquels elles donneront
les noms de : lit, fenêtre, penderie, porte, coiffeuse, etc.
Puis qu'elles disparaissent, pour réapparaître ensuite
selon l'ordre assigné par l'auteur*[2]*.*

LES BONNES

La chambre de Madame. Meubles Louis XV. Au fond, une fenêtre ouverte sur la façade de l'immeuble en face. À droite, le lit. À gauche, une porte et une commode. Des fleurs à profusion. C'est le soir. L'actrice qui joue Solange est vêtue d'une petite robe noire de domestique. Sur une chaise, une autre petite robe noire, des bas de fil noirs, une paire de souliers noirs à talons plats[1].

CLAIRE[2], *debout, en combinaison,*
tournant le dos à la coiffeuse[3].
Son geste — le bras tendu — et le ton
seront d'un tragique exaspéré.

Et ces gants ! Ces éternels gants ! Je t'ai dit souvent[4] de les laisser à la cuisine. C'est avec ça, sans doute, que tu espères séduire le laitier. Non, non, ne mens pas, c'est inutile. Pends-les

au-dessus de l'évier. Quand comprendras-tu
que cette chambre ne doit pas être souillée ?
Tout, mais tout ! ce qui vient de la cuisine est
crachat. Sors. Et remporte tes crachats ! Mais
cesse !

> *Pendant cette tirade, Solange jouait avec
> une paire de gants de caoutchouc, observant
> ses mains gantées[1], tantôt en bouquet, tantôt
> en éventail.*

Ne te gêne pas, fais ta biche. Et surtout ne te
presse pas, nous avons le temps. Sors !

> *Solange change soudain d'attitude et sort
> humblement, tenant du bout des doigts les
> gants de caoutchouc. Claire s'assied à la
> coiffeuse. Elle respire les fleurs, caresse les ob-
> jets de toilette, brosse ses cheveux, arrange son
> visage.*

Préparez ma robe[2]. Vite le temps presse.
Vous n'êtes pas là ? *(Elle se retourne.)* Claire !
Claire !

> *Entre Solange.*

SOLANGE

Que Madame m'excuse, je préparais le tilleul
(Elle prononce tillol.) de Madame.

CLAIRE

Disposez mes toilettes. La robe blanche pailletée. L'éventail, les émeraudes.

SOLANGE

Tous les bijoux de Madame ?

CLAIRE

Sortez-les. Je veux choisir. *(Avec beaucoup d'hypocrisie.)* Et naturellement les souliers vernis. Ceux que vous convoitez depuis des années.

> *Solange prend dans l'armoire quelques écrins qu'elle ouvre et dispose sur le lit.*

Pour votre noce sans doute. Avouez qu'il vous a séduite ! Que vous êtes grosse ! Avouez-le !

> *Solange s'accroupit sur le tapis et, crachant dessus, cire des escarpins vernis.*

Je vous ai dit, Claire, d'éviter les crachats. Qu'ils dorment en vous, ma fille, qu'ils y croupissent. Ah ! ah ! vous êtes hideuse, ma belle. Penchez-vous davantage et vous regardez dans mes souliers[1]. *(Elle tend son pied que Solange examine.)* Pensez-vous qu'il me soit agréable de me savoir le pied enveloppé par les voiles de votre salive ? Par la brume de vos marécages ?

SOLANGE, *à genoux et très humble.*

Je désire que Madame soit belle.

CLAIRE, *elle s'arrange dans la glace.*

Vous me détestez, n'est-ce pas ? Vous m'écrasez sous vos prévenances, sous votre humilité, sous les glaïeuls et le réséda. *(Elle se lève et d'un ton plus bas.)* On s'encombre inutilement. Il y a trop de fleurs. C'est mortel. *(Elle se mire encore.)* Je serai belle. Plus que vous ne le serez jamais. Car ce n'est pas avec ce corps et cette face que vous séduirez Mario. Ce jeune laitier ridicule vous méprise, et s'il vous a fait un gosse...

SOLANGE

Oh ! mais, jamais je n'ai...

CLAIRE

Taisez-vous, idiote ! Ma robe !

SOLANGE, *elle cherche dans l'armoire,*
écartant quelques robes.

La robe rouge. Madame mettra la robe rouge.

CLAIRE

J'ai dit la blanche, à paillettes.

SOLANGE, *dure.*

Madame portera ce soir la robe de velours écarlate.

CLAIRE, *naïvement.*

Ah ? Pourquoi ?

SOLANGE, *froidement.*

Il m'est impossible d'oublier la poitrine de Madame sous le drapé de velours. Quand Madame soupire et parle à Monsieur de mon dévouement ! Une toilette noire servirait mieux votre veuvage.

CLAIRE

Comment ?

SOLANGE

Dois-je préciser ?

CLAIRE

Ah ! tu veux parler... Parfait. Menace-moi. Insulte ta maîtresse. Solange, tu veux parler, n'est-ce pas, des malheurs de Monsieur. Sotte. Ce n'est pas l'instant de le rappeler, mais de

cette indication je vais tirer un parti magnifique. Tu souris ? Tu en doutes ?

Le dire ainsi : Tu souris = tu en doutes.

SOLANGE

Ce n'est pas le moment d'exhumer...

CLAIRE

Mon infamie ? Mon infamie ! D'exhumer !
Quel mot !

SOLANGE

Madame !

CLAIRE

Je vois où tu veux en venir. J'écoute bour-
donner déjà tes accusations, depuis le début tu
m'injuries, tu cherches l'instant de me cracher
à la face.

SOLANGE, *pitoyable.*

Madame, Madame, nous n'en sommes pas
encore là. Si Monsieur...

CLAIRE

Si Monsieur est en prison, c'est grâce à moi,
ose le dire ! Ose ! Tu as ton franc-parler, parle.

J'agis en dessous, camouflée par mes fleurs, mais
tu ne peux rien contre moi.

SOLANGE

Le moindre mot vous paraît une menace.
Que Madame se souvienne que je suis la bonne

CLAIRE

Pour avoir dénoncé Monsieur à la police.
avoir accepté de le vendre, je vais être à ta
merci[1] ? Et pourtant j'aurais fait pire. Mieux.
Crois-tu que je n'aie pas souffert ? Claire, j'ai
forcé ma main, tu entends, je l'ai forcée, lentement, fermement, sans erreur, sans ratures,
à tracer cette lettre qui devait envoyer mon
amant au bagne. Et toi, plutôt que me soutenir,
tu me nargues ? Tu parles de veuvage ! Monsieur n'est pas mort, Claire. Monsieur, de bagne
en bagne, sera conduit jusqu'à la Guyane peut-
être, et moi, sa maîtresse, folle de douleur, je
l'accompagnerai. Je serai du convoi. Je partagerai sa gloire. Tu parles de veuvage. La robe
blanche est le deuil des reines, Claire, tu
l'ignores[2]. Tu me refuses la robe blanche !

SOLANGE, *froidement.*

Madame portera la robe rouge.

CLAIRE, *simplement.*

Bien. *(Sévère.)* Passez-moi la robe. Oh ! je suis bien seule et sans amitié. Je vois dans ton œil que tu me hais.

SOLANGE

Je vous aime.

CLAIRE

Comme on aime sa maîtresse, sans doute. Tu m'aimes et me respectes. Et tu attends ma donation, le codicille en ta faveur...

SOLANGE

Je ferais l'impossible...

CLAIRE, *ironique.*

Je sais. Tu me jetterais au feu[1]. *(Solange aide Claire à mettre la robe.)* Agrafez. Tirez moins fort. N'essayez pas de me ligoter. *(Solange s'age-nouille aux pieds de Claire et arrange les plis de la robe.)* Évitez de me frôler. Reculez-vous. Vous sentez le fauve. De quelle infecte soupente où la nuit les valets vous visitent rapportez-vous ces odeurs ? La soupente ! La chambre des bonnes ! La mansarde ! *(Avec grâce.)* C'est pour

mémoire que je parle de l'odeur des mansardes, Claire. Là... *(Elle désigne un point de la
chambre.)* Là, les deux lits de fer séparés par la
table de nuit. Là, la commode en pitchpin avec
le petit autel à la Sainte Vierge. C'est exact,
n'est-ce pas ?

SOLANGE

Nous sommes malheureuses. J'en pleure-
rais.

CLAIRE

C'est exact. Passons sur nos dévotions à la
Sainte Vierge en plâtre, sur nos agenouillements.
Nous ne parlerons même pas des fleurs en pa-
pier... *(Elle rit.)* En papier ! Et la branche de
buis bénit ! *(Elle montre les fleurs de la chambre.)*
Regarde ces corolles ouvertes en mon honneur !
Je suis une Vierge plus belle, Claire.

SOLANGE

Taisez-vous...

CLAIRE

Et là, la fameuse lucarne, par où le laitier
demi-nu saute jusqu'à votre lit !

SOLANGE

Madame s'égare, Madame...

CLAIRE

Vos mains ! N'égarez pas vos mains. Vous l'ai-je assez murmuré ! elles empestent l'évier

SOLANGE

La chute !

CLAIRE

Hein ?

SOLANGE, *arrangeant la robe.*

La chute. J'arrange votre chute d'amour.

CLAIRE

Écartez-vous, frôleuse !

> *Elle donne à Solange sur la tempe un coup de talon Louis XV. Solange accroupie vacille et recule.*

SOLANGE

Voleuse, moi ?

CLAIRE

Je dis frôleuse. Si vous tenez à pleurnicher,

que ce soit dans votre mansarde. Je n'accepte ici, dans ma chambre, que des larmes nobles. Le bas de ma robe, certain jour, en sera constellé, mais de larmes précieuses. Disposez la traîne, traînée !

SOLANGE

Madame s'emporte !

CLAIRE

Dans ses bras parfumés, le diable m'emporte. Il me soulève, je décolle, je pars... *(Elle frappe le sol du talon.)*... et je reste. Le collier ? Mais dépêche-toi, nous n'aurons pas le temps. Si la robe est trop longue, fais un ourlet avec des épingles de nourrice.

> *Solange se relève et va pour prendre ie collier dans un écrin, mais Claire la devance et s'empare du bijou. Ses doigts ayant frôlé ceux de Solange, horrifiée, Claire recule.*

Tenez vos mains loin des miennes, votre contact est immonde. Dépêchez-vous.

SOLANGE

Il ne faut pas exagérer. Vos yeux s'allument. Vous atteignez la rive.

CLAIRE

Vous dites ?

SOLANGE

Les limites. Les bornes. Madame. Il faut garder vos distances.

CLAIRE

Quel langage, ma fille. Claire ? tu te venges, n'est-ce pas ? Tu sens approcher l'instant où tu quittes ton rôle...

SOLANGE

Madame me comprend à merveille. Madame me devine.

CLAIRE

Tu sens approcher l'instant où tu ne seras plus la bonne. Tu vas te venger. Tu t'apprêtes ? Tu aiguises tes ongles ? La haine te réveille ? Claire n'oublie pas. Claire, tu m'écoutes ? Mais Claire, tu ne m'écoutes pas ?

SOLANGE, *distraite.*

Je vous écoute.

CLAIRE

Par moi, par moi seule, la bonne existe. Par mes cris et par mes gestes.

SOLANGE

Je vous écoute.

CLAIRE, *elle hurle.*

C'est grâce à moi que tu es, et tu me nargues ! Tu ne peux savoir comme il est pénible d'être Madame, Claire, d'être le prétexte à vos simagrées ! Il me suffirait de si peu et tu n'existerais plus. Mais je suis bonne, mais je suis belle et je te défie. Mon désespoir d'amante m'embellit encore !

SOLANGE, *méprisante.*

Votre amant !

CLAIRE

Mon malheureux amant sert encore ma noblesse, ma fille. Je grandis davantage pour te réduire et t'exalter[1]. Fais appel à toutes tes ruses. Il est temps !

SOLANGE, *froidement.*

Assez ! Depêchez-vous. Vous êtes prête ?

CLAIRE

Et toi ?

SOLANGE, *doucement d'abord.*

Je suis prête, j'en ai assez d'être un objet de dégoût. Moi aussi, je vous hais...

CLAIRE

Doucement, mon petit, doucement...

> *Elle tape doucement l'épaule de Solange pour l'inciter au calme*[1].

SOLANGE

Je vous hais ! Je vous méprise. Vous ne m'intimidez plus. Réveillez le souvenir de votre amant, qu'il vous protège. Je vous hais ! Je hais votre poitrine pleine de souffles embaumés. Votre poitrine... d'ivoire ! Vos cuisses... d'or ! Vos pieds... d'ambre ! *(Elle crache sur la robe rouge.)* Je vous hais !

CLAIRE, *suffoquée.*

Oh ! oh ! mais...

SOLANGE, *marchant sur elle*.

Oui Madame, ma belle Madame. Vous croyez que tout vous sera permis jusqu'au bout ? Vous croyez pouvoir dérober la beauté du ciel et m'en priver ? Choisir vos parfums, vos poudres, vos rouges à ongles, la soie, le velours, la dentelle et m'en priver ? Et me prendre le laitier ? Avouez ! Avouez le laitier ! Sa jeunesse, sa fraîcheur vous troublent, n'est-ce pas ? Avouez le laitier. Car Solange vous emmerde !

CLAIRE, *affolée*.

Claire ! Claire[1] !

SOLANGE

Hein ?

CLAIRE, *dans un murmure*.

Claire, Solange, Claire.

SOLANGE

Ah ! oui, Claire. Claire vous emmerde ! Claire est là, plus claire que jamais. Lumineuse !

Elle gifle Claire.

CLAIRE

Oh ! oh ! Claire... vous... oh !

SOLANGE

Madame se croyait protégée par ses barricades de fleurs, sauvée par un exceptionnel
destin, par le sacrifice. C'était compter sans la
révolte des bonnes. La voici qui monte, Madame. Elle va crever et dégonfler votre aventure. Ce monsieur n'était qu'un triste voleur
et vous une...

CLAIRE

Je t'interdis !

SOLANGE

M'interdire ! Plaisanterie ! Madame est interdite. Son visage se décompose. Vous désirez un
miroir ?

Elle tend à Claire un miroir à main.

CLAIRE, *se mirant avec complaisance.*

J'y suis plus belle ! Le danger m'auréole,
Claire, et toi tu n'es que ténèbres...

SOLANGE

... infernales ! Je sais. Je connais la tirade[1]. Je lis sur votre visage ce qu'il faut vous répondre et j'irai jusqu'au bout. Les deux bonnes sont là — les dévouées servantes ! Devenez plus belle pour les mépriser. Nous ne vous craignons plus. Nous sommes enveloppées, confondues dans nos exhalaisons, dans nos fastes, dans notre haine pour vous. Nous prenons forme, Madame. Ne riez pas. Ah ! surtout ne riez pas de ma grandiloquence...

CLAIRE

Allez-vous-en.

SOLANGE

Pour vous servir, encore, Madame ! Je retourne à ma cuisine. J'y retrouve mes gants et l'odeur de mes dents. Le rot silencieux de l'évier. Vous avez vos fleurs, j'ai mon évier. Je suis la bonne. Vous au moins vous ne pouvez pas me souiller. Mais vous ne l'emporterez pas en paradis. J'aimerais mieux vous y suivre que de lâcher ma haine à la porte. Riez un peu, riez et priez vite, très vite ! Vous êtes au bout du rouleau ma chère ! *(Elle tape sur les mains de Claire qui protège sa gorge.)* Bas les pattes et découvrez ce cou fragile. Allez, ne tremblez pas, ne frissonnez pas, j'opère vite et en silence. Oui, je vais retourner à ma cuisine, mais avant je termine ma besogne.

> *Elle semble sur le point d'étrangler Claire. Soudain un réveille-matin sonne. Solange s'arrête. Les deux actrices se rapprochent, émues, et écoutent, pressées l'une contre l'autre.*

Déjà ?

CLAIRE

Dépêchons-nous. Madame va rentrer. *(Elle commence à dégrafer sa robe.)* Aide-moi. C'est déjà fini, et tu n'as pas pu aller jusqu'au bout.

SOLANGE, *l'aidant. D'un ton triste.*

C'est chaque fois pareil. Et par ta faute. Tu n'es jamais prête assez vite. Je ne peux pas t'achever.

CLAIRE

Ce qui nous prend du temps, c'est les préparatifs. Remarque...

SOLANGE, *elle lui enlève la robe.*

Surveille la fenêtre.

CLAIRE

Remarque que nous avons de la marge. J'ai remonté le réveil de façon qu'on puisse tout ranger.

Elle se laisse avec lassitude tomber sur le fauteuil.

SOLANGE

Il fait lourd, ce soir. Il a fait lourd toute la journée.

CLAIRE

Oui.

SOLANGE

Et cela nous tue, Claire.

CLAIRE

Oui.

SOLANGE

C'est l'heure

CLAIRE

Oui. *(Elle se lève avec lassitude.)* Je vais préparer la tisane.

SOLANGE

Surveille la fenêtre.

CLAIRE

On a le temps.

Elle s'essuie le visage.

SOLANGE

Tu te regardes encore... Claire, mon petit...

CLAIRE

Je suis lasse.

SOLANGE, *dure.*

Surveille la fenêtre. Grâce à ta maladresse,
rien ne serait à sa place. Et il faut que je nettoie la robe de Madame. *(Elle regarde sa sœur.)*
Qu'est-ce que tu as ? Tu peux te ressembler,
maintenant. Reprends ton visage. Allons, Claire,
redeviens ma sœur...

CLAIRE

Je suis à bout. La lumière m'assomme. Tu
crois que les gens d'en face...

SOLANGE

Qu'est-ce que cela peut nous faire ? Tu ne voudrais pas qu'on... qu'on s'organise dans le noir ? Ferme les yeux. Ferme les yeux, Claire. Repose-toi.

CLAIRE, *elle met sa petite robe noire.*

Oh ! quand je dis que je suis lasse, c'est une façon de parler. N'en profite pas pour me plaindre. Ne cherche pas à me dominer.

Elle enfile les bas de fil noirs et chausse les souliers noirs à talons plats.

SOLANGE

Je voudrais que tu te reposes. C'est surtout quand tu te reposes que tu m'aides*.

CLAIRE

Je te comprends, ne t'explique pas.

---

* Les metteurs en scène doivent s'appliquer à mettre au point une déambulation qui ne sera pas laissée au hasard : les Bonnes et Madame se rendent d'un point à un autre de la scène, en dessinant une géométrie qui ait un sens. Je ne peux dire lequel, mais cette géométrie ne doit pas être voulue par de simples allées et venues. Elle s'inscrira comme, dit-on, dans le vol des oiseaux, s'inscrivent les présages, dans le vol des abeilles une activité de vie, dans la démarche de certains poètes une activité de mort.

SOLANGE

Si. Je m'expliquerai. C'est toi qui as commencé. Et d'abord, en faisant cette allusion au
laitier. Tu crois que je ne t'ai pas devinée ? Si
Mario...

CLAIRE

Oh !

SOLANGE

Si le laitier me dit des grossièretés le soir, il
t'en dit autant. Mais tu étais bien heureuse de
pouvoir...

CLAIRE, *elle hausse
les épaules.*

Tu ferais mieux de voir si tout est en ordre.
Regarde, la clé du secrétaire était placée comme
ceci. *(Elle arrange la clé.)* Et sur les œillets et les
roses, il est impossible, comme dit Monsieur,
de ne pas...

SOLANGE, *violente.*

Tu étais heureuse de pouvoir tout à l'heure
mêler tes insultes...

CLAIRE

… découvrir un cheveu de l'une ou de l'autre bonne.

SOLANGE

Et les détails de notre vie privée avec…

CLAIRE, *ironique.*

Avec ? Avec ? Avec quoi ? Donne un nom ? Donne un nom à la chose ! La cérémonie ? D'ailleurs, nous n'avons pas le temps de commencer une discussion ici. Elle, elle, elle va rentrer. Mais, Solange, nous la tenons, cette fois. Je t'envie d'avoir vu sa tête en apprenant l'arrestation de son amant. Pour une fois, j'ai fait du beau travail. Tu le reconnais ? Sans moi, sans ma lettre de dénonciation, tu n'aurais pas eu ce spectacle : l'amant avec les menottes et Madame en larmes. Elle peut en mourir. Ce matin, elle ne tenait plus debout.

SOLANGE

Tant mieux. Qu'elle en claque ! Et que j'hérite, à la fin ! Ne plus remettre les pieds dans cette mansarde sordide, entre ces imbéciles, entre une cuisinière et un valet de chambre.

CLAIRE

Moi je l'aimais notre mansarde.

SOLANGE

Ne t'attendris pas. Tu l'aimes pour me contredire. Moi qui la hais. Je la vois telle qu'elle
est, sordide et nue. Dépouillée, comme dit
Madame. Mais quoi, nous sommes des pouilleuses.

CLAIRE

Ah ! non, ne recommence pas. Regarde plutôt à la fenêtre. Moi je ne peux rien voir, la nuit
est trop noire.

SOLANGE

Que je parle. Que je me vide. J'ai aimé la
mansarde parce que sa pauvreté m'obligeait à
de pauvres gestes. Pas de tentures à soulever,
pas de tapis à fouler, de meubles à caresser...
de l'œil ou du torchon, pas de glaces, pas de
balcon. Rien ne nous forçait à un geste trop
beau. *(Sur un geste de Claire.)* Mais rassure-toi,
tu pourras continuer en prison à faire ta souveraine, ta Marie-Antoinette[1], te promener la nuit
dans l'appartement...

CLAIRE

Tu es folle ! Jamais je ne me suis promenée dans l'appartement.

SOLANGE, *ironique.*

Oh ! Mademoiselle ne s'est jamais promenée ! Enveloppée dans les rideaux ou le couvre-lit de dentelle, n'est-ce pas ? Se contemplant dans les miroirs, se pavanant au balcon et saluant à deux heures du matin le peuple accouru défiler sous ses fenêtres. Jamais, non, jamais ?

CLAIRE

Mais, Solange...

SOLANGE

La nuit est trop noire pour épier Madame. Sur ton balcon, tu te croyais invisible. Pour qui me prends-tu ? N'essaie pas de me faire croire que tu es somnambule. Au point où nous en sommes, tu peux avouer.

CLAIRE

Mais Solange, tu cries. Je t'en prie, parle plus bas. Madame peut rentrer en sourdine...

Elle court à la fenêtre et soulève le rideau.

SOLANGE

Laisse les rideaux, j'ai fini. Je n'aime pas te voir les soulever de cette façon. Laisse-les retomber. Le matin de son arrestation, quand il épiait les policiers, Monsieur faisait comme toi.

CLAIRE

Le moindre geste te paraît un geste d'assassin qui veut s'enfuir par l'escalier de service. Tu as peur maintenant.

SOLANGE

Ironise, afin de m'exciter. Ironise, va ! Personne ne m'aime ! Personne ne nous aime !

CLAIRE

Elle, elle nous aime. Elle est bonne. Madame est bonne ! Madame nous adore.

SOLANGE

Elle nous aime comme ses fauteuils. Et encore ! Comme la faïence rose de ses latrines. Comme son bidet. Et nous, nous ne pouvons pas nous aimer. La crasse...

CLAIRE, *c'est presque dans un aboiement.*

Ah !...

SOLANGE

... N'aime pas la crasse. Et tu crois que je vais en prendre mon parti, continuer ce jeu et, le soir, rentrer dans mon lit-cage. Pourrons-nous même le continuer, le jeu. Et moi, si je n'ai plus à cracher sur quelqu'un qui m'appelle Claire, mes crachats vont m'étouffer ! Mon jet de salive, c'est mon aigrette de diamants.

CLAIRE, *elle se lève et pleure.*

Parle plus doucement, je t'en prie. Parle... parle de la bonté de Madame. Elle, elle dit diam's !

SOLANGE

Sa bonté ! Ses diam's ! C'est facile d'être bonne, et souriante, et douce. Quand on est belle et riche ! Mais être bonne quand on est une bonne ! On se contente de parader pendant qu'on fait le ménage ou la vaisselle. On brandit un plumeau comme un éventail. On a des gestes élégants avec la serpillière. Ou bien, on va comme toi, la nuit s'offrir le luxe d'un défilé historique dans les appartements de Madame.

CLAIRE

Solange! Encore! Tu cherches quoi? Tu penses que tes accusations vont nous calmer? Sur ton compte, je pourrais en raconter de plus belles.

SOLANGE

Toi? *(Un temps assez long.)* Toi?

CLAIRE

Parfaitement. Si je voulais. Parce qu'enfin, après tout...

SOLANGE

Tout? Après tout? Qu'est-ce que tu insinues? C'est toi qui as parlé de cet homme. Claire, je te hais.

CLAIRE

Et je te le rends. Mais je n'irai pas chercher le prétexte d'un laitier pour te menacer.

SOLANGE

De nous deux, qui menace l'autre ! Hein ? Tu hésites ?

CLAIRE

Essaie d'abord. Tire la première[1]. C'est toi qui recules, Solange. Tu n'oses pas m'accuser du plus grave, mes lettres à la police. La mansarde a été submergée sous mes essais d'écriture... sous des pages et des pages. J'ai inventé les pires histoires et les plus belles dont tu profitais. Hier soir, quand tu faisais Madame dans la robe blanche, tu jubilais, tu jubilais, tu te voyais déjà montant en cachette sur le bateau des déportés, sur le...

SOLANGE, *professorale.*

Le *Lamartinière*[2]. *(Elle en a détaché chaque syllabe.)*

CLAIRE

Tu accompagnais Monsieur, ton amant... Tu fuyais la France. Tu partais pour l'île du Diable, pour la Guyane, avec lui : un beau rêve ! Parce que j'avais le courage d'envoyer mes lettres anonymes, tu te payais le luxe d'être une prostituée de haut vol, une hétaïre. Tu étais heureuse de ton sacrifice, de porter la croix du mauvais larron, de lui torcher le visage, de le soutenir, de te livrer aux chiourmes[1] pour que lui soit accordé un léger soulagement.

SOLANGE

Mais toi, tout à l'heure, quand tu parlais de le suivre.

CLAIRE

Je ne le nie pas, j'ai repris l'histoire où tu l'avais lâchée. Mais avec moins de violence que toi. Dans la mansarde déjà, au milieu des lettres, le tangage te faisait chalouper.

SOLANGE

Tu ne te voyais pas.

CLAIRE

Oh ! si ! Je peux me regarder dans ton visage et voir les ravages qu'y fait notre victime ! Monsieur est maintenant derrière les verrous. Réjouissons-nous. Au moins nous éviterons ses moqueries. Et tu seras plus à ton aise pour te prélasser sur sa poitrine, tu inventeras mieux son torse et ses jambes, tu épieras sa démarche.

Le tangage te faisait chalouper ! Déjà tu t'abandonnais à lui. Au risque de nous perdre...

SOLANGE, *indignée.*

Comment ?

CLAIRE

Je précise. Perdre. Pour écrire mes lettres de dénonciation à la police, il me fallait des faits, citer des dates. Et comment m'y prendre ? Hein ? Souviens-toi. Ma chère, votre confusion rose est ravissante. Tu as honte. Tu étais là pourtant ! J'ai fouillé dans les papiers de Madame et j'ai découvert la fameuse correspondance...

Un silence.

SOLANGE

Et après ?

CLAIRE

Oh ! mais tu m'agaces, à la fin ! Après ? Eh bien, après tu as voulu conserver les lettres de Monsieur. Et hier soir encore dans la mansarde, il restait une carte de Monsieur adressée à Madame ! Je l'ai découverte.

SOLANGE, *agressive.*

Tu fouilles dans mes affaires, toi !

CLAIRE

C'est mon devoir.

SOLANGE

À mon tour de m'étonner de tes scrupules...

CLAIRE

Je suis prudente, pas scrupuleuse. Quand je risquais tout en m'agenouillant sur le tapis, pour forcer la serrure du secrétaire, pour façonner une histoire avec des matériaux exacts, toi, enivrée par l'espoir d'un amant coupable, criminel et banni, tu m'abandonnais !

SOLANGE

J'avais placé un miroir de façon à voir la porte d'entrée. Je faisais le guet.

CLAIRE

Ce n'est pas vrai ! Je remarque tout et je t'observe depuis longtemps. Avec ta prudence coutumière, tu étais restée à l'entrée de l'office, prête à bondir au fond de la cuisine à l'arrivée de Madame !

SOLANGE

Tu mens, Claire. Je surveillais le corridor...

CLAIRE

C'est faux ! Il s'en est fallu de peu que Madame ne me trouve au travail ! Toi, sans t'occuper si mes mains tremblaient en fouillant les papiers, toi, tu étais en marche, tu traversais les mers, tu forçais l'Équateur...

SOLANGE, *ironique.*

Mais toi-même ? Tu as l'air de ne rien savoir de tes extases ! Claire, ose dire que tu n'as jamais rêvé d'un bagnard ! Que jamais tu n'as rêvé précisément de celui-là ! Ose dire que tu ne l'as pas dénoncé justement — justement, quel beau mot ! — afin qu'il serve ton aventure secrète.

CLAIRE

Je sais ça et davantage. Je suis la plus lucide. Mais l'histoire, c'est toi qui l'as inventée. Tourne ta tête. Ah ! si tu te voyais, Solange. Le soleil de la forêt vierge illumine encore ton profil.

Tu prépares l'évasion de ton amant. *(Elle rit nerveusement.)* Comme tu te travailles ! Mais rassure-toi, je te hais pour d'autres raisons. Tu les connais.

SOLANGE, *baissant la voix.*

Je ne te crains pas. Je ne doute pas de ta haine, de ta fourberie, mais fais bien attention. C'est moi l'aînée.

CLAIRE

Qu'est-ce que cela veut dire, l'aînée ? Et la plus forte ? Tu m'obliges à te parler de cet homme pour mieux détourner mes regards. Allons donc ! Tu crois que je ne t'ai pas découverte ? Tu as essayé de la tuer.

SOLANGE

Tu m'accuses ?

CLAIRE

Ne nie pas. Je t'ai vue. *(Un long silence.)* Et j'ai eu peur. Peur, Solange. Quand nous accomplissons la cérémonie, je protège mon cou. C'est moi que tu vises à travers Madame, c'est moi qui suis en danger.

Un long silence. Solange hausse les épaules.

SOLANGE, *décidée.*

Oui, j'ai essayé. J'ai voulu te délivrer. Je n'en pouvais plus. J'étouffais de te voir étouffer, rougir, verdir, pourrir dans l'aigre et le doux de cette femme. Tu as raison reproche-le-moi. Je t'aimais trop. Tu aurais été la première à me dénoncer si je l'avais tuée. C'est par toi que j'aurais été livrée à la police.

CLAIRE, *elle la prend*
aux poignets.

Solange...

SOLANGE, *se dégageant.*

Il s'agit de moi.

CLAIRE

Solange, ma petite sœur. J'ai tort. Elle va rentrer.

SOLANGE

Je n'ai tué personne. J'ai été lâche, tu comprends. J'ai fait mon possible, mais elle s'est retournée en dormant. Elle respirait doucement. Elle gonflait les draps : c'était Madame.

CLAIRE

Tais-toi.

SOLANGE

Pas encore. Tu as voulu savoir. Attends, je vais t'en raconter d'autres. Tu connaîtras comme elle est faite, ta sœur. De quoi elle est faite. Ce qui compose une bonne : j'ai voulu l'étrangler...

CLAIRE

Pense au ciel. Pense au ciel. Pense à ce qu'il y a après.

SOLANGE

Que dalle ! J'en ai assez de m'agenouiller sur des bancs. À l'église, j'aurais eu le velours rouge des abbesses ou la pierre des pénitentes, mais au moins, noble serait mon attitude. Vois, mais vois comme elle souffre bien, elle, comme elle souffre en beauté. La douleur la transfigure ! En apprenant que son amant était un voleur, elle tenait tête à la police. Elle exultait. Maintenant, c'est une abandonnée magnifique, soutenue sous chaque bras par deux servantes attentives et désolées par sa peine. Tu l'as vue ? Sa peine étincelante des feux de ses bijoux, du satin de ses robes, des lustres ! Claire, la beauté de mon crime devait racheter la pauvreté de mon chagrin. Après, j'aurais mis le feu.

CLAIRE

Calme-toi, Solange. Le feu pouvait ne pas prendre. On t'aurait découverte. Tu sais ce qui attend les incendiaires.

SOLANGE

Je sais tout. J'ai eu l'œil et l'oreille aux serrures. J'ai écouté aux portes plus qu'aucune domestique. Je sais tout. Incendiaire ! C'est un titre admirable.

CLAIRE

Tais-toi. Tu m'étouffes. J'étouffe. *(Elle veut entrouvrir la fenêtre.)* Ah ! laisser entrer un peu d'air ici !

SOLANGE, *inquiète.*

Que veux-tu faire ?

CLAIRE

Ouvrir.

SOLANGE

Toi aussi ? Depuis longtemps j'étouffe ! Depuis longtemps je voulais mener le jeu à la face du monde, hurler ma vérité sur les toits, descendre dans la rue sous les apparences de Madame...

CLAIRE

Tais-toi. Je voulais dire...

SOLANGE

C'est trop tôt, tu as raison. Laisse la fenêtre. Ouvre les portes de l'antichambre et de la cuisine. *(Claire ouvre l'une et l'autre porte.)* Va voir si l'eau bout.

CLAIRE

Toute seule ?

SOLANGE

Attends alors, attends qu'elle vienne. Elle apporte son étole, ses perles, ses larmes, ses sourires, ses soupirs, sa douceur.

Sonnerie du téléphone. Les deux sœurs écoutent.

CLAIRE, *au téléphone.*

Monsieur ? C'est Monsieur !... C'est Claire, Monsieur... *(Solange veut prendre un écouteur. Claire l'écarte.)* Bien, j'avertirai Madame, Madame sera heureuse de savoir Monsieur en liberté... Bien, Monsieur. Je vais noter. Monsieur attend Madame au *Bilboquet*[1]. Bien... Bonsoir, Monsieur.

Elle veut raccrocher mais sa main tremble et elle pose l'écouteur sur la table.

SOLANGE

Il est sorti ?

CLAIRE

Le juge le laisse en liberté provisoire.

SOLANGE

Mais... Mais alors, tout casse

CLAIRE, *sèche*

Tu le vois bien.

SOLANGE

Les juges ont eu le toupet de le lâcher. On bafoue la justice. On nous insulte ! Si Monsieur est libre, il voudra faire une enquête, il fouillera la maison pour découvrir la coupable. Je me demande si tu saisis la gravité de la situation.

CLAIRE

J'ai fait ce que j'ai pu, à nos risques et périls.

SOLANGE, *amère.*

Tu as bien travaillé. Mes compliments. Tes dénonciations, tes lettres, tout marche admirablement. Et si on reconnaît ton écriture, c'est parfait. Et pourquoi va-t-il au *Bilboquet*, d'abord, et pas ici. Tu peux l'expliquer ?

CLAIRE

Puisque tu es si habile, il fallait réussir ton affaire avec Madame. Mais tu as eu peur. L'air était parfumé, le lit tiède. C'était Madame ! Il nous reste à continuer cette vie, reprendre le jeu.

SOLANGE

Le jeu est dangereux. Je suis sûre que nous avons laissé des traces. Par ta faute. Nous en laissons chaque fois. Je vois une foule de traces que je ne pourrai jamais effacer. Et elle, elle se promène au milieu de cela qu'elle apprivoise. Elle le déchiffre. Elle pose le bout de son pied rose sur nos traces. L'une après l'autre, elle nous découvre. Par ta faute, Madame se moque de nous ! Madame saura tout. Elle n'a qu'à sonner pour être servie. Elle saura que nous mettions ses robes, que nous volions ses gestes, que nous embobinions son amant de nos simagrées. Tout va parler, Claire. Tout nous accusera. Les rideaux marqués par tes épaules, les miroirs par mon visage, la lumière qui avait l'habitude de nos folies, la lumière va tout avouer. Par ta maladresse, tout est perdu.

CLAIRE

Tout est perdu parce que tu n'as pas eu la force pour...

SOLANGE

Pour...

CLAIRE

... la tuer.

SOLANGE

Je peux encore trouver la force qu'il faut.

CLAIRE

Où ? Où ? Tu n'es pas aussi au-delà que moi. Tu ne vis pas au-dessus de la cime des arbres. Un laitier traversant ta tête te bouleverse.

SOLANGE

C'est de n'avoir pas vu sa figure, Claire. D'avoir été tout à coup si près de Madame parce que j'étais près de son sommeil. Je perdais mes forces. Il fallait relever le drap que sa poitrine soulevait pour trouver la gorge.

CLAIRE, *ironique.*

Et les draps étaient tièdes. La nuit noire. C'est en plein jour qu'on fait ces coups-là. Tu es incapable d'un acte aussi terrible. Mais moi, je peux réussir. Je suis capable de tout, et tu le sais.

SOLANGE

Le gardénal[1].

CLAIRE

Oui. Parlons paisiblement. Je suis forte. Tu as essayé de me dominer...

SOLANGE

Mais, Claire...

CLAIRE, *calmement.*

Pardon. Je sais ce que je dis. Je suis Claire. Et prête. J'en ai assez. Assez d'être l'araignée, le fourreau de parapluie, la religieuse sordide et sans Dieu, sans famille ! J'en ai assez d'avoir un fourneau comme autel. Je suis la pimbêche, la putride. À tes yeux aussi.

SOLANGE, *elle prend Claire*
aux épaules.

Claire... Nous sommes nerveuses. Madame n'arrive pas. Moi aussi je n'en peux plus. Je n'en peux plus de notre ressemblance, je n'en peux plus de mes mains, de mes bas noirs, de mes cheveux. Je ne te reproche rien, ma petite sœur. Tes promenades te soulageaient...

CLAIRE, *agacée.*

Ah ! laisse.

SOLANGE

Je voudrais t'aider. Je voudrais te consoler, mais je sais que je te dégoûte. Je te répugne. Et je le sais puisque tu me dégoûtes. S'aimer dans le dégoût, ce n'est pas s'aimer.

CLAIRE

C'est trop s'aimer. Mais j'en ai assez de ce miroir effrayant qui me renvoie mon image comme une mauvaise odeur. Tu es ma mauvaise odeur. Eh bien ! je suis prête. J'aurai ma couronne. Je pourrai me promener dans les appartements.

SOLANGE

Nous ne pouvons tout de même pas la tuer pour si peu.

CLAIRE

Vraiment ? Ce n'est pas assez ? Pourquoi, s'il vous plaît ? Pour quel autre motif ? Où et quand trouver un plus beau prétexte ? Ce n'est pas assez ? Ce soir, Madame assistera à notre confusion. En riant aux éclats, en riant parmi ses pleurs, avec ses soupirs épais ! Non. J'aurai ma couronne. Je serai cette empoison-

neuse que tu n'as pas su être. À mon tour de
te dominer.

SOLANGE

Mais, jamais...

CLAIRE, *énumérant méchamment,*
et imitant Madame.

Passe-moi la serviette ! Passe-moi les épingles à linge ! Épluche les oignons ! Gratte les
carottes ! Lave les carreaux ! Fini. C'est fini.
Ah ! J'oubliais ! ferme le robinet ! C'est fini. Je
disposerai du monde.

SOLANGE

Ma petite sœur !

CLAIRE

Tu m'aideras.

SOLANGE

Tu ne sauras pas quels gestes faire. Les choses sont plus graves, Claire, plus simples.

CLAIRE

Je serai soutenue par le bras solide du laitier.

Il ne flanchera pas. J'appuierai ma main gauche sur sa nuque. Tu m'aideras. Et s'il faut aller plus loin, Solange, si je dois partir pour le bagne, tu m'accompagneras, tu monteras sur le bateau. Solange, à nous deux, nous serons ce couple éternel, du criminel et de la sainte. Nous serons sauvées, Solange, je te le jure, sauvées[1].

Elle tombe assise sur le lit de Madame.

SOLANGE

Calme-toi. Je vais te porter là-haut. Tu vas dormir.

CLAIRE

Laisse-moi. Fais de l'ombre. Fais un peu d'ombre, je t'en supplie.

Solange éteint.

SOLANGE

Repose-toi. Repose-toi, ma petite sœur. *(Elle s'agenouille, déchausse Claire, lui baise les pieds.)* Calme-toi, mon chéri. *(Elle la caresse.)* Pose tes pieds, là. Ferme les yeux.

CLAIRE, *elle soupire.*

J'ai honte, Solange.

SOLANGE, *très doucement.*

Ne parle pas. Laisse-moi faire. Je vais t'endormir. Quand tu dormiras, je te porterai là-haut, dans la mansarde. Je te déshabillerai et je te coucherai dans ton lit-cage. Dors, je serai là.

CLAIRE

J'ai honte, Solange.

SOLANGE

Chut ! Laisse-moi te raconter une histoire

CLAIRE, *plaintivement.*

Solange ?

SOLANGE

Mon ange ?

CLAIRE

Solange, écoute.

SOLANGE

Dors.

Long silence.

CLAIRE

Tu as de beaux cheveux. Quels beaux cheveux. Les siens...

SOLANGE

Ne parle plus d'elle.

CLAIRE

Les siens sont faux. *(Long silence.)* Tu te rappelles, toutes les deux. Sous l'arbre. Nos pieds au soleil ? Solange ?

SOLANGE

Dors. Je suis là. Je suis ta grande sœur.

> *Silence. Au bout d'un moment Claire se lève.*

CLAIRE

Non ! Non ! pas de faiblesse ! Allume ! Allume ! Le moment est trop beau ! *(Solange allume.)* Debout ! Et mangeons. Qu'est-ce qu'il y a dans la cuisine ? Hein ? Il faut manger. Pour être forte. Viens, tu vas me conseiller. Le gardénal ?

SOLANGE

Oui. Le gardénal...

CLAIRE

Le gardénal ! Ne fais pas cette tête. Il faut être joyeuse et chanter. Chantons ! Chante, comme quand tu iras mendier dans les cours et les ambassades. Il faut rire. *(Elles rient aux éclats.)* Sinon le tragique va nous faire nous envoler par la fenêtre. Ferme la fenêtre. *(En riant, Solange ferme la fenêtre.)* L'assassinat est une chose... inénarrable ! Chantons. Nous l'emporterons dans un bois et sous les sapins, au clair de lune, nous la découperons en morceaux. Nous chanterons ! Nous l'enterrerons sous les fleurs dans nos parterres que nous arroserons le soir avec un petit arrosoir !

Sonnerie à la porte d'entrée de l'appartement.

SOLANGE

C'est elle. C'est elle qui rentre. *(Elle prend sa sœur aux poignets.)* Claire, tu es sûre de tenir le coup ?

CLAIRE

Il en faut combien ?

SOLANGE

Mets-en dix. Dans son tilleul. Dix cachets de gardénal. Mais tu n'oseras pas.

CLAIRE, *elle se dégage,*
va arranger le lit.
Solange la regarde un instant

J'ai le tube sur moi. Dix.

SOLANGE, *très vite.*

Dix. Neuf ne suffiraient pas. Davantage la ferait vomir. Dix. Fais le tilleul très fort. Tu as compris.

CLAIRE, *elle murmure.*

Oui.

SOLANGE, *elle va pour sortir*
et se ravise.
D'une voix naturelle.

Très sucré.

Elle sort à gauche. Claire continue à arranger la chambre et sort à droite. Quelques secondes s'écoulent. Dans la coulisse on entend un éclat de rire nerveux. Suivie de Solange,

Madame, couverte de fourrures, entre en riant.

MADAME

De plus en plus ! Des glaïeuls horribles, d'un rose débilitant, et du mimosa ! Ces folles doivent courir les halles avant le jour pour les acheter moins cher. Tant de sollicitude, ma chère Solange, pour une maîtresse indigne, et tant de roses pour elle quand Monsieur est traité comme un criminel ! Car... Solange, à ta sœur et à toi, je vais encore donner une preuve de confiance ! Car je n'ai plus d'espoir. Cette fois Monsieur est bel et bien incarcéré.

Solange lui retire son manteau de fourrure.

Incarcéré, Solange ! — In-car-cé-ré ! Et dans des circonstances infernales ! Que réponds-tu à cela ? Voilà ta maîtresse mêlée à la plus sordide affaire et la plus sotte. Monsieur est couché sur la paille et vous m'élevez un reposoir* !

---

* Il est possible que la pièce paraisse réduite à un squelette de pièce. En effet, tout y est trop vite dit, et trop explicite, je suggère donc que les metteurs en scène éventuels remplacent les expressions trop précises, celles qui rendent la situation trop explicite, par d'autres plus ambiguës. Que les comédiennes jouent. Excessivement.

SOLANGE

Madame ne doit pas se laisser aller. Les
prisons ne sont plus comme sous la Révolu-
tion...

MADAME

La paille humide des cachots n'existe plus, je
le sais. N'empêche que mon imagination invente
les pires tortures à Monsieur. Les prisons sont
pleines de criminels dangereux et Monsieur,
qui est la délicatesse même, vivra avec eux ! Je
meurs de honte. Alors qu'il essaie de s'expliquer son crime, moi, je m'avance au milieu
d'un parterre, sous des tonnelles, avec le désespoir dans l'âme. Je suis brisée.

SOLANGE

Vos mains sont gelées.

MADAME

Je suis brisée. Chaque fois que je rentrerai
mon cœur battra avec cette violence terrible et
un beau jour je m'écroulerai, morte sous vos
fleurs. Puisque c'est mon tombeau que vous
préparez, puisque depuis quelques jours vous
accumulez dans ma chambre des fleurs funè-

bres ! J'ai eu très froid mais je n'aurai pas le toupet de m'en plaindre. Toute la soirée, j'ai traîné dans les couloirs. J'ai vu des hommes glacés, des visages de marbre, des têtes de cire, mais j'ai pu apercevoir Monsieur. Oh ! de très loin. Du bout des doigts j'ai fait un signe. À peine. Je me sentais coupable. Et je l'ai vu disparaître entre deux gendarmes.

SOLANGE

Des gendarmes ? Madame est sûre ? Ce sont plutôt des gardes.

MADAME

Tu connais des choses que j'ignore. Gardes ou gendarmes, ils ont emmené Monsieur. Je quitte à l'instant la femme d'un magistrat. Claire !

SOLANGE

Elle prépare le tilleul de Madame.

MADAME

Qu'elle se presse ! Pardon, ma petite Solange. Pardonne-moi. J'ai honte de réclamer du tilleul quand Monsieur est seul, sans nourriture, sans

tabac, sans rien. Les gens ne savent pas assez
ce qu'est la prison. Ils manquent d'imagination, mais j'en ai trop. Ma sensibilité m'a fait
souffrir. Atrocement. Vous avez de la chance,
Claire et toi, d'être seules au monde. L'humilité de votre condition vous épargne quels malheurs !

SOLANGE

On s'apercevra vite que Monsieur est innocent.

MADAME

Il l'est ! Il l'est ! Mais innocent ou coupable,
je ne l'abandonnerai jamais. Voici à quoi on
reconnaît son amour pour un être : Monsieur
n'est pas coupable, mais s'il l'était, je deviendrais sa complice. Je l'accompagnerais jusqu'à
la Guyane, jusqu'en Sibérie. Je sais qu'il s'en
tirera, au moins par cette histoire imbécile
m'est-il donné de prendre conscience de mon
attachement à lui. Et cet événement destiné à
nous séparer nous lie davantage, et me rend
presque plus heureuse. D'un bonheur mons-
trueux ! Monsieur n'est pas coupable mais s'il
l'était, avec quelle joie j'accepterais de porter
sa croix ! D'étape en étape, de prison en prison, et jusqu'au bagne je le suivrais. À pied

s'il le faut. Jusqu'au bagne, jusqu'au bagne, Solange ! Que je fume ! Une cigarette !

SOLANGE

On ne le permettrait pas. Les épouses des bandits, ou leurs sœurs, ou leurs mères ne peuvent même pas les suivre.

MADAME

Un bandit ! Quel langage, ma fille ! Et quelle science ! Un condamné n'est plus un bandit. Ensuite, je forcerais les consignes. Et, Solange, j'aurais toutes les audaces, toutes les ruses.

SOLANGE

Madame est courageuse.

MADAME

Tu ne me connais pas encore. Jusqu'à présent, vous avez vu, ta sœur et toi, une femme entourée de soins et de tendresse, se préoccuper de ses tisanes et de ses dentelles, mais depuis longtemps je viens d'abandonner mes manies[1]. Je suis forte. Et prête pour la lutte. D'ailleurs, Monsieur ne risque pas l'échafaud. Mais il est bien que je m'élève à ce même niveau. J'ai besoin de cette exaltation pour penser plus vite. Et besoin de cette vitesse pour regarder mieux. Grâce à quoi je percerai peut-être cette atmosphère d'inquiétude où je m'avance depuis ce matin. Grâce à quoi je devinerai peut-être ce qu'est cette police infernale disposant chez moi d'espions mystérieux.

SOLANGE

Il ne faut pas s'affoler. J'ai vu acquitter des cas plus graves. Aux assises d'Aix-en-Provence...

MADAME

Des cas plus graves ? Que sais-tu de son cas ?

SOLANGE

Moi ? Rien. C'est d'après ce qu'en dit Madame. J'estime que ce ne peut être qu'une affaire sans danger...

MADAME

Tu bafouilles. Et que sais-tu des acquittements ? Tu fréquentes les Assises, toi ?

SOLANGE

Je lis les comptes rendus. Je vous parle d'un homme qui avait commis quelque chose de pire. Enfin...

MADAME

Le cas de Monsieur est incomparable. On l'accuse de vols idiots. Tu es satisfaite ? De vols ! Idiots ! Idiots comme les lettres de dénonciation qui l'ont fait arrêter.

SOLANGE

Madame devrait se reposer.

MADAME

Je ne suis pas lasse. Cessez de me traiter comme une impotente. À partir d'aujourd'hui, je ne suis plus la maîtresse qui vous permettait de conseiller et d'entretenir sa paresse. Ce n'est pas moi qu'il faut plaindre. Vos gémissements me seraient insupportables. Votre gentillesse m'agace. Elle m'accable. Elle m'étouffe. Votre gentillesse qui depuis des années n'a jamais vraiment pu devenir affectueuse. Et ces fleurs qui sont là pour fêter juste le contraire d'une noce ! Il vous manquait de faire du feu

pour me chauffer ! Est-ce qu'il y a du feu dans
sa cellule ?

SOLANGE

Il n'y a pas de feu, Madame. Et si Madame
veut dire que nous manquons de discrétion...

MADAME

Mais je ne veux rier dire de pareil.

SOLANGF

Madame désire voir les comptes de la journée ?

MADAME

En effet ! Tu es inconsciente ! Crois-tu que
j'aie la tête aux chiffres ? Mais enfin, Solange,
me mépriserais-tu assez que tu me refuses
toute délicatesse ? Parler de chiffres, de livres
de comptes, de recettes de cuisine, d'office et
de bas office, quand j'ai le désir de rester seule
avec mon chagrin ! Convoque les fournisseurs
pendant que tu y es !

SOLANGE

Nous comprenons le chagrin de Madame !

MADAME

Non que je veuille tendre de noir l'appartement, mais enfin...

SOLANGE, *rangeant l'étole de fourrure.*

La doublure est déchirée. Je la donnerai au fourreur demain.

MADAME

Si tu veux. Encore que ce ne soit guère la peine. Maintenant j'abandonne mes toilettes. D'ailleurs je suis une vieille femme. N'est-ce pas, Solange, que je suis une vieille femme ?

SOLANGE

Les idées noires qui reviennent.

MADAME

J'ai des idées de deuil, ne t'en etonne pas. Comment songer à mes toilettes et à mes fourrures quand Monsieur est en prison ? Si l'appartement vous paraît trop triste...

SOLANGE

Oh ! Madame...

MADAME

Vous n'avez aucune raison de partager mon
malheur, je vous l'accorde.

SOLANGE

Nous n'abandonnerons jamais Madame.
Après tout ce que Madame a fait pour nous.

MADAME

Je le sais, Solange. Étiez-vous très malheureuses ?

SOLANGE

Oh !

MADAME

Vous êtes un peu mes filles. Avec vous la vie
me sera moins triste. Nous partirons pour la
campagne. Vous aurez les fleurs du jardin. Mais
vous n'aimez pas les jeux. Vous êtes jeunes et
vous ne riez jamais. À la campagne vous serez
tranquilles. Je vous dorloterai. Et plus tard ; je
vous laisserai tout ce que j'ai. D'ailleurs, que
vous manque-t-il ? Rien qu'avec mes anciennes
robes vous pourriez être vêtues comme des princesses. Et mes robes... *(Elle va à l'armoire et*

regarde ses robes.) À quoi serviraient-elles. J'abandonne la vie élégante.

Entre Claire, portant le tilleul.

CLAIRE

Le tilleul est prêt.

MADAME

Adieu les bals, les soirées, le théâtre. C'est vous qui hériterez de tout cela.

CLAIRE, *sèche.*

Que Madame conserve ses toilettes¹.

MADAME, *sursautant.*

Comment ?

CLAIRE, *calme.*

Madame devra même en commander de plus belles.

MADAME

Comment courrais-je les couturiers ? Je viens de l'expliquer à ta sœur : il me faudra une toilette noire pour mes visites au parloir. Mais de là...

CLAIRE

Madame sera très élégante. Son chagrin lui donnera de nouveaux prétextes.

MADAME

Hein ? Tu as sans doute raison. Je continuerai à m'habiller pour Monsieur. Mais il faudra que j'invente le deuil de l'exil de Monsieur. Je le porterai plus somptueux que celui de sa mort. J'aurai de nouvelles et de plus belles toilettes. Et vous m'aiderez en portant mes vieilles robes. En vous les donnant, j'attirerai peut-être la clémence sur Monsieur. On ne sait jamais.

CLAIRE

Mais, Madame...

SOLANGE

Le tilleul est prêt, Madame.

MADAME

Pose-le. Je le boirai tout à l'heure. Vous aurez mes robes. Je vous donne tout.

CLAIRE

Jamais nous ne pourrons remplacer Madame.

Si Madame connaissait nos précautions pour arranger ses toilettes ! L'armoire de Madame, c'est pour nous comme la chapelle de la Sainte Vierge. Quand nous l'ouvrons...

SOLANGE, *seche.*

Le tilleul va refroidir.

CLAIRE

Nous l'ouvrons à deux battants, nos jours de fête. Nous pouvons à peine regarder les robes, nous n'avons pas le droit. L'armoire de Madame est sacrée. C'est sa grande penderie !

SOLANGE

Vous bavardez et vous fatiguez Madame.

MADAME

C'est fini. *(Elle caresse la robe de velours rouge.)* Ma belle « Fascination ». La plus belle. Pauvre belle. C'est Lanvin[1] qui l'avait dessinée pour moi. Spécialement. Tiens ! Je vous la donne. Je t'en fais cadeau, Claire !

Elle la donne à Claire et cherche dans l'armoire.

CLAIRE

Oh ! Madame me la donne vraiment ?

MADAME, *souriant suavement.*

Bien sûr. Puisque je te le dis.

SOLANGE

Madame est trop bonne. *(À Claire.)* Vous pouvez remercier Madame. Depuis le temps que vous l'admiriez.

CLAIRE

Jamais je n'oserai la mettre. Elle est si belle.

MADAME

Tu pourras la faire retailler. Dans la traîne seulement il y a le velours des manches. Elle sera très chaude. Telles que je vous connais, je sais qu'il vous faut des étoffes solides. Et toi, Solange, qu'est-ce que je peux te donner ? Je vais te donner... Tiens, mes renards.

Elle les prend, les pose sur le fauteuil au centre.

CLAIRE

Oh ! le manteau de parade !

MADAME

Quelle parade ?

SOLANGE

Claire veut dire que Madame ne le mettait qu'aux grandes occasions.

MADAME

Pas du tout. Enfin. Vous avez de la chance qu'on vous donne des robes. Moi, si j'en veux, je dois les acheter. Mais j'en commanderai de plus riches afin que le deuil de Monsieur soit plus magnifiquement conduit.

CLAIRE

Madame est belle !

MADAME

Non, non, ne me remerciez pas. Il est si agréable de faire des heureux autour de soi. Quand je ne songe qu'à faire du bien ! Qui peut être assez méchant pour me punir. Et me punir de quoi ? Je me croyais si bien protégée de la vie, si bien protégée par votre dévouement. Si bien protégée par Monsieur. Et toute cette coalition d'amitiés n'aura pas réussi une

barricade assez haute contre le désespoir. Je
suis désespérée ! Des lettres ! Des lettres que je
suis seule à connaître. Solange ?

SOLANGE, *saluant sa sœur*[1].

Oui, Madame.

MADAME, *apparaissant*.

Quoi ? Oh ! tu fais des révérences à Claire ?
Comme c'est drôle ! Je vous croyais moins dis-
posées à la plaisanterie.

CLAIRE

Le tilleul, Madame.

MADAME

Solange, je t'appelais pour te demander...
Tiens, qui a encore dérangé la clé du secrétaire ?... pour te demander ton avis. Qui a pu
envoyer ces lettres ? Aucune idée, naturellement.
Vous êtes comme moi, aussi éberluées. Mais la
lumière sera faite, mes petites. Monsieur saura
débrouiller le mystère. Je veux qu'on analyse
l'écriture et qu'on sache qui a pu mettre au
point une pareille machination. Le récepteur...
Qui a encore décroché le récepteur et pourquoi ?
On a téléphoné ?

Silence.

CLAIRE

C'est moi. C'est quand Monsieur...

MADAME

Monsieur ? Quel monsieur ? *(Claire se tait.)*
Parlez !

SOLANGE

Quand Monsieur a téléphoné.

MADAME

De prison ? Monsieur a téléphoné de prison ?

CLAIRE

Nous voulions faire une surprise à Madame.

SOLANGE

Monsieur est en liberté provisoire.

CLAIRE

Il attend Madame au *Bilboquet.*

SOLANGE

Oh ! si Madame savait !

CLAIRE

Madame ne nous pardonnera jamais.

MADAME, *se levant.*

Et vous ne disiez rien ! Une voiture. Solange, vite, vite, une voiture. Mais dépêchez-toi[1]. *(Le lapsus est supposé.)* Cours, voyons. *(Elle pousse Solange hors de la chambre.)* Mes fourrures ! Mais plus vite ! Vous êtes folles. Ou c'est moi qui le deviens. *(Elle met son manteau de fourrure. À Claire.)* Quand a-t-il téléphoné ?

CLAIRE, *d'une voix blanche.*

Cinq minutes avant le retour de Madame.

MADAME

Il fallait me parler. Et ce tilleul qui est froid. Jamais je ne pourrai attendre le retour de Solange. Oh ! qu'est-ce qu'il a dit ?

CLAIRE

Ce que je viens de dire. Il était très calme.

MADAME

Lui, toujours. Sa condamnation à mort le laisserait insensible. C'est une nature. Ensuite ?

CLAIRE

Rien. Il a dit que le juge le laissait en liberté.

MADAME

Comment peut-on sortir du Palais de Justice à minuit ? Les juges travaillent si tard ?

CLAIRE

Quelquefois beaucoup plus tard.

MADAME

Beaucoup plus tard ? Mais, comment le sais-tu ?

CLAIRE

Je suis au courant, Je lis *Détective*[1].

MADAME, *étonnée.*

Ah ! oui ? Tiens, comme c'est curieux. Tu es vraiment une drôle de fille, Claire. *(Elle regarde son bracelet-montre.)* Elle pourrait se dépêcher. *(Un long silence.)* Tu n'oublieras pas de faire recoudre la doublure de mon manteau.

CLAIRE

Je le porterai demain au fourreur.

Long silence.

MADAME

Et les comptes ? Les comptes de la journée.
J'ai le temps. Montre-les-moi.

CLAIRE

C'est Solange qui s'en occupe.

MADAME

C'est juste. D'ailleurs j'ai la tête à l'envers,
je les verrai demain. *(Regardant Claire.)* Approche un peu ! Approche ! Mais... tu es fardée !
(Riant.) Mais Claire, mais tu te fardes[1] !

CLAIRE, *très gênée.*

Madame..

MADAME

Ah ! ne mens pas ! D'ailleurs tu as raison.
Vis, ma fille, ris. C'est en l'honneur de qui ?
Avoue.

CLAIRE

J'ai mis un peu de poudre.

MADAME

Ce n'est pas de la poudre, c'est du fard, c'est de la « cendre de roses[1] », un vieux rouge dont je ne me sers plus. Tu as raison. Tu es encore jeune, embellis-toi, ma fille. Arrange-toi. *(Elle lui met une fleur dans les cheveux. Elle regarde son bracelet-montre.)* Que fait-elle ? Il est minuit et elle ne revient pas !

CLAIRE

Les taxis sont rares. Elle a dû courir en chercher jusqu'à la station.

MADAME

Tu crois ? Je ne me rends pas compte du temps. Le bonheur m'affole. Monsieur téléphonant qu'il est libre et à une heure pareille !

CLAIRE

Madame devrait s'asseoir. Je vais réchauffer le tilleul.

Elle va pour sortir.

MADAME

Mais non, je n'ai pas soif. Cette nuit, c'est

du champagne que nous allons boire. Nous ne rentrerons pas.

CLAIRE

Vraiment un peu de tilleul...

MADAME, *riant.*

Je suis déjà trop énervée.

CLAIRE

Justement.

MADAME

Vous ne nous attendrez pas, surtout, Solange et toi. Montez vous coucher tout de suite. *(Soudain elle voit le réveil.)* Mais... ce réveil. Qu'est-ce qu'il fait là ? D'où vient-il ?

CLAIRE, *très gênée.*

Le réveil ? C'est le réveil de la cuisine.

MADAME

Ça ? Je ne l'ai jamais vu.

CLAIRE, *elle prend le réveil.*

Il était sur l'étagère. Il y est depuis toujours.

MADAME, *souriante.*

Il est vrai que la cuisine m'est un peu étrangère. Vous y êtes chez vous. C'est votre domaine. Vous en êtes les souveraines. Je me demande pourquoi vous l'avez apporté ici ?

CLAIRE

C'est Solange pour le ménage. Elle n'ose jamais se fier à la pendule.

MADAME, *souriante.*

Elle est l'exactitude même. Je suis servie par les servantes les plus fidèles.

CLAIRE

Nous adorons Madame.

MADAME, *se dirigeant vers la fenêtre.*

Et vous avez raison. Que n'ai-je pas fait pour vous ?

Elle sort[1].

CLAIRE, *seule, avec amertume.*

Madame nous a vêtues comme des princesses. Madame a soigné Claire ou Solange, car Madame nous confondait toujours. Madame nous enveloppait de sa bonté. Madame nous permettait d'habiter ensemble ma sœur et moi. Elle nous donnait les petits objets dont elle ne se sert plus. Elle supporte que le dimanche nous allions à la messe et nous placions sur un prie-Dieu près du sien.

VOIX DE MADAME, *en coulisse.*

Écoute ! Écoute !

CLAIRE

Elle accepte l'eau bénite que nous lui tendons et parfois, du bout de son gant, elle nous en offre !

VOIX DE MADAME, *en coulisse.*

Le taxi ! Elle arrive. Hein ? Que dis-tu ?

CLAIRE, *très fort.*

Je me récite les bontés de Madame.

MADAME, *elle rentre, souriante.*

Que d'honneurs ! Que d'honneurs... et de négligence. *(Elle passe la main sur le meuble.)* Vous les chargez de roses mais n'essuyez pas les meubles.

CLAIRE

Madame n'est pas satisfaite du service ?

MADAME

Mais très heureuse, Claire. Et je pars !

CLAIRE

Madame prendra un peu de tilleul, même s'il est froid.

MADAME, *riant, se penche sur elle.*

Tu veux me tuer avec ton tilleul, tes fleurs, tes recommandations. Ce soir...

CLAIRE, *implorant.*

Un peu seulement...

MADAME

Ce soir je boirai du champagne. *(Elle va vers le plateau de tilleul. Claire remonte lentement vers le tilleul.)* Du tilleul ! Versé dans le service de gala ! Et pour quelle solennité !

CLAIRE

Madame...

MADAME

Enlevez ces fleurs. Emportez-les chez vous. Reposez-vous. *(Tournée comme pour sortir.)* Monsieur est libre ! Claire ! Monsieur est libre et je vais le rejoindre.

CLAIRE

Madame.

MADAME

Madame s'échappe ! Emportez-moi ces fleurs !

La porte claque derrière elle.

CLAIRE, *restée seule.*

Car Madame est bonne ! Madame est belle ! Madame est douce ! Mais nous ne sommes pas des ingrates, et tous les soirs dans notre mansarde, comme l'a bien ordonné Madame, nous prions pour elle. Jamais nous n'élevons la voix et devant elle nous n'osons même pas nous tutoyer. Ainsi Madame nous tue avec sa douceur ! Avec sa bonté, Madame nous empoisonne. Car Madame est bonne ! Madame est belle ! Madame est douce ! Elle nous permet un bain chaque dimanche et dans sa baignoire. Elle nous tend quelquefois une dragée.

Elle nous comble de fleurs fanées. Madame prépare nos tisanes. Madame nous parle de Monsieur à nous en faire chavirer. Car Madame est bonne ! Madame est belle ! Madame est douce[1] !

SOLANGE, *qui vient de rentrer.*

Elle n'a pas bu ? Évidemment. Il fallait s'y attendre. Tu as bien travaillé.

CLAIRE

J'aurais voulu t'y voir.

SOLANGE

Tu pouvais te moquer de moi. Madame s'échappe. Madame nous échappe, Claire ! Comment pouvais-tu la laisser fuir ? Elle va revoir Monsieur et tout comprendre. Nous sommes perdues.

CLAIRE

Ne m'accable pas. J'ai versé le gardénal dans le tilleul, elle n'a pas voulu le boire et c'est ma faute...

SOLANGE

Comme toujours !

CLAIRE

... car ta gorge brûlait d'annoncer la levée d'écrou de Monsieur.

SOLANGE

La phrase a commencé sur ta bouche...

CLAIRE

Elle s'est achevée sur la tienne.

SOLANGE

J'ai fait ce que j'ai pu. J'ai voulu retenir les mots... Ah ! mais ne renverse pas les accusations. J'ai travaillé pour que tout réussisse. Pour te donner le temps de tout préparer j'ai descendu l'escalier le plus lentement possible, j'ai passé par les rues les moins fréquentées, j'y trouvais des nuées de taxis. Je ne pouvais plus les éviter. Je crois que j'en ai arrêté un sans m'en rendre compte. Et pendant que j'étirais le temps, toi, tu perdais tout ? Tu lâchais Madame. Il ne nous reste plus qu'à fuir. Emportons nos effets... sauvons-nous...

CLAIRE

Toutes les ruses étaient inutiles. Nous sommes maudites

SOLANGE

Maudites ! Tu vas recommencer tes sottises.

CLAIRE

Tu sais ce que je veux dire. Tu sais bien que les objets nous abandonnent.

SOLANGE

Les objets ne s'occupent pas de nous !

CLAIRE

Ils ne font que cela. Ils nous trahissent. Et il faut que nous soyons de bien grands coupables pour qu'ils nous accusent avec un tel acharnement. Je les ai vus sur le point de tout dévoiler à Madame. Après le téléphone c'était à nos lèvres de nous trahir. Tu n'as pas, comme moi, assisté à toutes les découvertes de Madame. Car je l'ai vue marcher vers la révélation. Elle n'a rien compris mais elle brûle.

SOLANGE

Tu l'as laissée partir !

CLAIRE

J'ai vu Madame, Solange, je l'ai vue découvrir le réveil de la cuisine que nous avions oublié de remettre à sa place, découvrir la poudre sur la coiffeuse, découvrir le fard mal essuyé de mes joues, découvrir que nous lisions *Détective*. Nous découvrir de plus en plus et j'étais seule pour supporter tous ces chocs, seule pour nous voir tomber !

SOLANGE

Il faut partir. Emportons nos fringues. Vite, vite, Claire... Prenons le train... le bateau...

CLAIRE

Partir où ? Rejoindre qui ? Je n'aurais pas la force de porter une valise.

SOLANGE

Partons. Allons n'importe où ! Avec n'importe quoi.

CLAIRE

Où irions-nous ? Que ferions-nous pour vivre.
Nous sommes pauvres !

SOLANGE, *regardant autour d'elle.*

Claire, emportons... emportons...

CLAIRE

L'argent ? Je ne le permettrais pas. Nous ne
sommes pas des voleuses. La police nous aurait
vite retrouvées. Et l'argent nous dénoncerait.
Depuis que j'ai vu les objets nous dévoiler l'un
après l'autre, j'ai peur d'eux, Solange. La moindre erreur peut nous livrer.

SOLANGE

Au diable ! Que tout aille au diable. Il faudra
bien qu'on trouve le moyen de s'évader.

CLAIRE

Nous avons perdu... C'est trop tard.

SOLANGE

Tu ne crois pas que nous allons rester comme
cela, dans l'angoisse. Ils rentreront demain, tous
les deux. Ils sauront d'où venaient les lettres.

Ils sauront tout ! Tout ! Tu n'as donc pas vu comme elle étincelait ! Sa démarche dans l'escalier ! Sa démarche victorieuse ! Son bonheur atroce ? Toute sa joie sera faite de notre honte. Son triomphe c'est le rouge de notre honte ! Sa robe c'est le rouge de notre honte ! Ses fourrures... Ah ! elle a repris ses fourrures !

CLAIRE

Je suis si lasse !

SOLANGE

Il est bien temps de vous plaindre. Votre délicatesse se montre au beau moment.

CLAIRE

Trop lasse !

SOLANGE

Il est évident que des bonnes sont coupables quand Madame est innocente. Il est si simple d'être innocent, Madame ! Mais moi si je m'étais chargée de votre exécution je jure que je l'aurais conduite jusqu'au bout !

CLAIRE

Mais Solange

SOLANGE

Jusqu'au bout ! Ce tilleul empoisonné, ce tilleul que vous osiez me refuser de boire, j'aurais desserré vos mâchoires pour vous forcer à l'avaler ! Me refuser de mourir, vous ! Quand j'étais prête à vous le demander à genoux, les mains jointes et baisant votre robe !

CLAIRE

Il n'était pas aussi facile d'en venir à bout !

SOLANGE

Vous croyez ? J'aurais su vous rendre la vie impossible. Et je vous aurais contrainte à venir me supplier de vous offrir ce poison, que je vous aurais peut-être refusé. De toute façon, la vie vous serait devenue intolérable.

CLAIRE

Claire ou Solange, vous m'irritez — car je vous confonds, Claire ou Solange, vous m'irritez et me portez vers la colère. Car c'est vous que j'accuse de tous nos malheurs.

SOLANGE

Osez le répéter.

Elle met sa robe blanche face au public, par-dessus sa petite robe noire.

CLAIRE

Je vous accuse d'être coupable du plus effroyable des crimes.

SOLANGE

Vous êtes folle ! ou ivre. Car il n'y a pas de crime, Claire, je te défie de nous accuser d'un crime précis

CLAIRE

Nous l'inventerons donc, car... Vous vouliez m'insulter ! Ne vous gênez pas ! Crachez-moi à la face ! Couvrez-moi de boue et d'ordures.

SOLANGE, *se retournant et voyant Claire dans la robe de Madame.*

Vous êtes belle !

CLAIRE

Passez sur les formalités du début. Il y a longtemps que vous avez rendu inutiles les mensonges, les hésitations qui conduisent à la métamorphose ! Presse-toi ! Presse-toi. Je n'en peux plus des hontes et des humiliations. Le monde peut nous écouter, sourire, hausser les épaules, nous traiter de folles et d'envieuses, je frémis, je frissonne de plaisir, Claire, je vais hennir de joie !

SOLANGE

Vous êtes belle !

CLAIRE

Commence les insultes.

SOLANGE

Vous êtes belle

CLAIRE

Passons. Passons le prélude. Aux insultes.

SOLANGE

Vous m'éblouissez. Je ne pourrai jamais.

CLAIRE

J'ai dit les insultes. Vous n'espérez pas m'avoir fait revêtir cette robe pour m'entendre chanter ma beauté. Couvrez-moi de haine ! D'insultes ! De crachats !

SOLANGE

Aidez-moi.

CLAIRE

Je hais les domestiques. J'en hais l'espèce odieuse et vile. Les domestiques n'appartiennent pas à l'humanité. Ils coulent. Ils sont une exhalaison qui traîne dans nos chambres, dans nos corridors, qui nous pénètre, nous entre par la bouche, qui nous corrompt. Moi, je vous vomis. *(Mouvement de Solange pour aller à la fenêtre.)* Reste ici.

SOLANGE

Je monte, je monte...

CLAIRE, *parlant toujours des domestiques.*

Je sais qu'il en faut comme il faut des fossoyeurs, des vidangeurs, des policiers. N'empêche que tout ce beau monde est fétide.

SOLANGE

Continuez. Continuez.

CLAIRE

Vos gueules d'épouvante et de remords, vos

coudes plissés, vos corsages démodés, vos corps pour porter nos défroques. Vous êtes nos miroirs déformants, notre soupape, notre honte, notre lie.

SOLANGE

Continuez. Continuez.

CLAIRE

Je suis au bord, presse-toi, je t'en prie. Vous êtes… vous êtes… Mon Dieu, je suis vide, je ne trouve plus. Je suis à bout d'insultes. Claire, vous m'épuisez !

SOLANGE

Laissez-moi sortir. Nous allons parler au monde. Qu'il se mette aux fenêtres pour nous voir, il faut qu'il nous écoute.

Elle ouvre la fenêtre, mais Claire la tire dans la chambre.

CLAIRE

Les gens d'en face vont nous voir.

SOLANGE, *déjà sur le balcon.*

J'espère bien. Il fait bon. Le vent m'exalte !

CLAIRE

Solange ! Solange ! Reste avec moi, rentre !

SOLANGE

Je suis au niveau. Madame avait pour elle son chant de tourterelle, ses amants, son laitier.

CLAIRE

Solange...

SOLANGE

Silence ! Son laitier matinal, son messager de l'aube, son tocsin délicieux, son maître pâle et charmant, c'est fini. En place pour le bal.

CLAIRE

Qu'est-ce que tu fais ?

SOLANGE, *solennelle.*

J'en interromps le cours. À genoux !

CLAIRE

Tu vas trop loin !

SOLANGE

À genoux ! puisque je sais à quoi je suis destinée.

CLAIRE

Vous me tuez !

SOLANGE, *allant sur elle.*

Je l'espère bien. Mon désespoir me fait in-domptable. Je suis capable de tout. Ah ! nous étions maudites !

CLAIRE

Tais-toi.

SOLANGE

Vous n'aurez pas à aller jusqu'au crime.

CLAIRE

Solange !

SOLANGE

Ne bougez pas ! Que Madame m'écoute. Vous avez permis qu'elle s'échappe. Vous ! Ah ! quel dommage que je ne puisse lui dire toute ma haine ! que je ne puisse lui raconter toutes nos grimaces. Mais, toi si lâche, si sotte, tu l'as laissée s'enfuir. En ce moment, elle sable le champagne ! Ne bougez pas ! Ne bougez pas ! La mort est présente et nous guette !

CLAIRE

Laisse-moi sortir.

SOLANGE

Ne bougez pas. Je vais avec vous peut-être
découvrir le moyen le plus simple, et le courage, Madame, de délivrer ma sœur et du même
coup me conduire à la mort.

CLAIRE

Que vas-tu faire ? Où tout cela nous mène-
t-il ?

SOLANGE, *c'est un ordre.*

Je t'en prie, Claire, réponds-moi.

CLAIRE

Solange, arrêtons-nous. Je n'en peux plus.
Laisse-moi.

SOLANGE

Je continuerai, seule, seule, ma chère. Ne
bougez pas. Quand vous aviez de si merveilleux
moyens, il était impossible que Madame s'en
échappât. *(Marchant sur Claire.)* Et cette fois, je
veux en finir avec une fille aussi lâche.

CLAIRE

Solange ! Solange ! Au secours !

SOLANGE

Hurlez si vous voulez ! Poussez même votre dernier cri, Madame ! *(Elle pousse Claire qui reste accroupie dans un coin.)* Enfin ! Madame est morte ! étendue sur le linoléum... étranglée par les gants de la vaisselle. Madame peut rester assise ! Madame peut m'appeler mademoiselle Solange. Justement. C'est à cause de ce que j'ai fait. Madame et Monsieur m'appelleront mademoiselle Solange Lemercier... Madame aurait dû enlever cette robe noire, c'est grotesque. *(Elle imite la voix de Madame.)* M'en voici réduite à porter le deuil de ma bonne. À la sortie du cimetière, tous les domestiques du quartier défilaient devant moi comme si j'eusse été de la famille. J'ai si souvent prétendu qu'elle faisait partie de la famille. La morte aura poussé jusqu'au bout la plaisanterie. Oh ! Madame... Je suis l'égale de Madame et je marche la tête haute... *(Elle rit).* Non, monsieur l'Inspecteur, non... Vous ne saurez rien de mon travail. Rien de notre travail en commun. Rien de notre collaboration à ce meurtre... Les robes ? Oh !

Madame peut les garder. Ma sœur et moi nous avions les nôtres. Celles que nous mettions la nuit en cachette. Maintenant, j'ai ma robe et je suis votre égale. Je porte la toilette rouge des criminelles. Je fais rire Monsieur ? Je fais sourire Monsieur ? Il me croit folle. Il pense que les bonnes doivent avoir assez bon goût pour ne pas accomplir de gestes réservés à Madame ! Vraiment il me pardonne ? Il est la bonté même. Il veut lutter de grandeur avec moi. Mais j'ai conquis la plus sauvage… Madame s'aperçoit de ma solitude ! Enfin ! Maintenant je suis seule. Effrayante. Je pourrais vous parler avec cruauté, mais je peux être bonne… Madame se remettra de sa peur. Elle s'en remettra très bien. Parmi ses fleurs, ses parfums, ses robes. Cette robe blanche que vous portiez le soir au bal de l'Opéra. Cette robe blanche que je lui interdis toujours. Et parmi ses bijoux, ses amants. Moi, j'ai ma sœur. Oui, j'ose en parler. J'ose, Madame. Je peux tout oser. Et qui, qui pourrait me faire taire ? Qui aurait le courage de me dire : « Ma fille » ? J'ai servi. J'ai eu les gestes qu'il faut pour servir. J'ai souri à Madame. Je me suis penchée pour faire le lit, penchée pour laver le carreau, penchée pour éplucher les légumes, pour écouter aux portes, coller mon œil aux serrures. Mais maintenant, je reste droite. Et solide. Je suis l'étrangleuse. Mademoiselle Solange, celle qui étrangla sa sœur ! Me taire ? Madame est délicate vraiment. Mais j'ai pitié de Madame. J'ai pitié de la blancheur de Madame, de sa peau satinée, de ses petites oreilles, de ses petits poignets... Je suis la poule noire, j'ai mes juges. J'appartiens à la police. Claire ? Elle aimait vraiment beaucoup, beaucoup, Madame !... Non, monsieur l'Inspecteur, je n'expliquerai rien devant eux. Ces choses-là ne regardent que nous... Cela, ma petite, c'est notre nuit à nous ! *(Elle allume une cigarette et fume d'une façon maladroite. La fumée la fait tousser.)* Ni vous ni personne ne saurez rien, sauf que cette fois Solange est allée jusqu'au bout. Vous la voyez vêtue de rouge. Elle va sortir.

Solange se dirige vers la fenêtre, l'ouvre et monte sur le balcon. Elle dira, le dos au public, face à la nuit, la tirade qui suit. Un vent léger fait bouger les rideaux.

Sortir. Descendre le grand escalier : la police l'accompagne. Mettez-vous au balcon pour la voir marcher entre les pénitents noirs. Il est midi. Elle porte alors une torche de neuf livres. Le bourreau la suit de près. À l'oreille il lui chuchote des mots d'amour. Le bourreau m'accompagne, Claire ! Le bourreau m'accompagne ! *(Elle rit.)* Elle sera conduite en cortège par toutes les bonnes du quartier, par tous les domestiques qui ont accompagné Claire à sa dernière demeure. *(Elle regarde dehors.)* On porte des couronnes, des fleurs, des oriflammes, des banderoles, on sonne le glas. L'enterrement déroule sa pompe. Il est beau, n'est-ce pas ? Viennent d'abord les maîtres d'hôtel, en frac, sans revers de soie. Ils portent leurs couronnes. Viennent ensuite les valets de pied, les laquais en culotte courte et bas blancs. Ils portent leurs couronnes. Viennent ensuite les valets de chambre, puis les femmes de chambre portant nos couleurs. Viennent les concierges, viennent encore les délégations du ciel. Et je les conduis. Le bourreau me berce. On m'acclame. Je suis pâle et je vais mourir

Elle rentre

Que de fleurs ! On lui a fait un bel enterrement, n'est-ce pas ? Claire ! *(Elle éclate en sanglots et s'effondre dans un fauteuil... Elle se relève.)* Inutile, Madame, j'obéis à la police. Elle seule me comprend. Elle aussi appartient au monde des réprouvés.

> *Accoudée au chambranle de la porte de la cuisine, depuis un moment, Claire, visible seulement du public, écoute sa sœur.*

Maintenant, nous sommes mademoiselle Solange Lemercier. La femme Lemercier. La Lemercier. La fameuse criminelle. *(Lasse.)* Claire, nous sommes perdues.

CLAIRE, *dolente, voix de Madame.*

Fermez la fenêtre et tirez les rideaux. Bien.

SOLANGE

Il est tard. Tout le monde est couché. Ne continuons pas.

CLAIRE, *elle fait de la main le geste du silence.*

Claire, vous verserez mon tilleul.

SOLANGE

Mais...

CLAIRE

Je dis mon tilleul.

SOLANGE

Nous sommes mortes de fatigue. Il faut cesser.

Elle s'assoit dans le fauteuil.

CLAIRE

Ah ! Mais non ! Vous croyez, ma bonne, vous en tirer à bon compte ! Il serait trop facile de comploter avec le vent, de faire de la nuit sa complice.

SOLANGE

Mais...

CLAIRE

Ne discute pas. C'est à moi de disposer en ces dernières minutes. Solange, tu me garderas en toi.

SOLANGE

Mais non ! Mais non ! Tu es folle. Nous allons partir ! Vite, Claire. Ne restons pas. L'appartement est empoisonné.

CLAIRE

Reste.

SOLANGE

Claire, tu ne vois donc pas comme je suis faible ? Comme je suis pâle ?

CLAIRE

Tu es lâche. Obéis-moi. Nous sommes tout au bord, Solange. Nous irons jusqu'à la fin. Tu seras seule pour vivre nos deux existences. Il te faudra beaucoup de force. Personne ne saura au bagne que je t'accompagne en cachette. Et surtout, quand tu seras condamnée, n'oublie pas que tu me portes en toi. Précieusement. Nous serons belles, libres et joyeuses, Solange, nous n'avons plus une minute à perdre. Répète avec moi...

SOLANGE

Parle, mais tout bas.

CLAIRE, *mécanique.*

Madame devra prendre son tilleul.

SOLANGE, *dure.*

Non, je ne veux pas.

CLAIRE, *la tenant par les poignets.*

Garce ! répète. Madame prendra son tilleul.

SOLANGE

Madame prendra son tilleul...

CLAIRE

Car il faut qu'elle dorme...

SOLANGE

Car il faut qu'elle dorme...

CLAIRE

Et que je veille.

SOLANGE

Et que je veille

CLAIRE, *elle se couche sur le lit de Madame.*

Je répète. Ne m'interromps plus. Tu m'écoutes ? Tu m'obéis ? *(Solange fait oui de la tête.)* Je répète ! mon tilleul !

SOLANGE, *hésitant.*

Mais..

CLAIRE

Je dis ! mon tilleul.

SOLANGE

Mais, Madame...

CLAIRE

Bien. Continue.

SOLANGE

Mais, Madame, il est froid.

CLAIRE

Je le boirai quand même. Donne.

> *Solange apporte le plateau.*

Et tu l'as versé dans le service le plus riche, le plus précieux...

> *Elle prend la tasse et boit cependant que Solange, face au public, reste immobile, les mains croisées comme par des menottes.*

RIDEAU

Les Bonnes

PREMIÈRE VERSION ÉDITÉE

Cette version (dite « première version éditée ») avait été publiée
pour la première fois en 1947 dans la revue L'Arbalète, avant d'être
reprise, avec d'infimes variantes, dans le volume que firent paraître
en 1954 les Éditions Jean-Jacques Pauvert. Elle n'avait pas été
rééditée jusqu'à ce jour.

La chambre de Madame. Meubles Louis XV. Dentelles. Au fond une fenêtre ouverte sur la façade de l'immeuble en face. À droite, le lit. À gauche, une porte et une commode. Des fleurs à profusion. C'est le soir.

CLAIRE, *debout, en combinaison, tournant le dos à la coiffeuse. Son geste — le bras tendu — et le ton seront d'un tragique exagéré* : Ces gants ! Ces éternels gants ! Je t'ai dit trop souvent de les laisser à la cuisine. C'est avec ça sans doute que tu espères séduire le laitier. Non, non, ne mens pas, c'est inutile ! Pends-les au-dessus de l'évier. Quand comprendras-tu que cette chambre ne doit pas être souillée ? Tout, mais tout ce qui vient de la cuisine est crachat. Mais cesse !

> *Pendant cette tirade, Solange jouait avec une paire de gants de caoutchouc, observant ses mains gantées, tantôt en bouquet, tantôt en éventail.*

Ne te gêne pas. Fais ta biche. Et surtout ne te presse pas, nous avons le temps. Sors !

*Solange change d'attitude et sort humblement te-
nant au bout des doigts les gants de caoutchouc. Claire
s'assied à la coiffeuse. Elle respire les fleurs, caresse
les objets de toilette, brosse ses cheveux, arrange son
visage.*

Prépare ma robe. Vite. Le temps presse. Vous n'êtes
pas là ?

Elle se retourne.

Claire ! Claire !

Entre Solange.

SOLANGE : Que Madame m'excuse, je préparais le
tilleul *(elle prononce* tillol) de Madame.

CLAIRE : Disposez mes toilettes. La robe blanche
pailletée. L'éventail. Les émeraudes.

SOLANGE : Bien, Madame. Tous les bijoux de Madame ?

CLAIRE : Sortez-les. Je vais choisir. Et naturellement
mes souliers vernis. Ceux que vous convoitez depuis
des années.

*Solange prend dans l'armoire quelques écrins
qu'elle ouvre et dispose sur le lit.*

Pour votre noce, sans doute. Avouez qu'il vous a
séduite ! Que vous êtes grosse ! Avouez-le !

*Solange s'accroupit sur le tapis et, en crachant des-
sus, cire des escarpins vernis.*

Je vous ai dit, Claire, d'éviter les crachats. Qu'ils dorment en vous, ma fille, qu'ils y croupissent. Ah ! Ah !

Elle rit nerveusement.

Que le promeneur égaré s'y noie. Ah ! Ah ! Vous êtes hideuse, ma belle. Penchez-vous davantage et vous regardez dans mes souliers. Pensez-vous qu'il me soit agréable de me savoir le pied enveloppé par les voiles de votre salive ? Par la brume de vos marécages ?

SOLANGE, *à genoux et très humble* : Je désire que Madame soit belle.

CLAIRE : Je le serai.

> *Elle s'arrange dans la glace.*

Vous me détestez, n'est-ce pas ? Vous m'écrasez sous vos prévenances, sous votre humilité, sous les glaïeuls et le réséda.

> *Elle se lève et d'un ton plus bas.*

Il y a trop de fleurs. On s'encombre inutilement. C'est mortel.

> *Elle se mire encore.*

Je serai belle. Plus que vous ne le serez jamais. Car ce n'est pas avec ce corps et cette face que vous séduirez Mario. Un jeune laitier ridicule nous méprise, et s'il nous a fait un gosse[1]...

SOLANGE : Oh ! mais jamais je n'ai...

CLAIRE : Taisez-vous, idiote, ma robe !

SOLANGE, *elle cherche dans l'armoire, écartant quelques robes* : La robe rouge. Madame mettra la robe rouge.

CLAIRE : J'ai dit la robe blanche, à paillettes.

SOLANGE, *dure* : Je regrette. Madame portera ce soir la robe de velours écarlate.

CLAIRE, *naïvement* : Ah ! Pourquoi ?

SOLANGE, *froidement* : Il m'est impossible d'oublier la poitrine de Madame sous le drapé de velours. Et ce

cabochon de jais quand Madame soupirait et parlait à
Monsieur de mon dévouement ! Votre veuvage exige-
rait même une toilette noire.

CLAIRE : Comment !

SOLANGE : Dois-je préciser ? Comprenez à demi-mot.

CLAIRE : Ah ! Tu veux parler... Parfait. Menace-
moi. Insulte ta maîtresse, Solange, tu veux parler,
n'est-ce pas, des malheurs de Monsieur ? Sotte. Ce
n'était pas l'instant de le rappeler, mais de cette indication je peux tirer un parti magnifique ! Tu souris ?
Tu en doutes ?

SOLANGE : Ce n'est pas encore le moment d'exhumer...

CLAIRE : Quel mot ! Mon infamie ? Mon infamie !
D'exhumer !

SOLANGE : Madame !

CLAIRE : Pour avoir dénoncé Monsieur à la police,
avoir accepté de le vendre, je vais être à ta merci ? Et
pourtant j'aurais fait pire. Mieux. Crois-tu que je n'aie
pas souffert ? Claire, j'ai forcé ma main, tu entends, je
l'ai forcée, lentement, fermement, sans erreur, sans
faute d'orthographe[1], ni de syntaxe, sans ratures, à tracer la lettre qui devait envoyer mon amant au bagne.
Et toi, plutôt que me soutenir, tu me nargues ? Tu
m'imposes tes couleurs ! Tu parles de veuvage ! Monsieur n'est pas mort. Claire, Monsieur, de bagne en
bagne, sera conduit peut-être jusqu'à la Guyane, où
moi, sa maîtresse, folle de douleur, je l'accompagnerai.
Je serai du convoi. Je partagerai sa gloire. Tu parles
de veuvage et me refuses la robe blanche — deuil des
reines, Claire, tu l'ignores...

SOLANGE, *froidement* : Madame portera la robe rouge.

CLAIRE, *simplement* : Bien. *(Sévère.)* Passe-moi la robe. Oh ! je suis bien seule et sans amitiés. Je vois dans ton œil que tu me hais. Tu me laisses courir mon aventure.

SOLANGE : Je vous accompagnerai partout. Je vous aime.

CLAIRE : Sans doute. Comme on aime sa maîtresse. Tu m'aimes et tu me respectes. Et tu attends ma donation, le codicille en ta faveur…

SOLANGE : Je ferais l'impossible…

CLAIRE, *ironique* : Je sais. Pour moi tu te jetterais au feu.

> *Solange aide Claire à mettre la robe.*

Agrafez. Tirez moins fort. N'essayez pas de me ligoter.

> *Solange s'agenouille aux pieds de Claire et arrange les plis de la robe.*

Évitez de me frôler. Vous sentez le fauve. De quelle infecte soupente où la nuit les valets vous visitent rapportez-vous ces odeurs ? Cette soupente ! La chambre des bonnes ! La mansarde ! *(Avec grâce.)* C'est pour mémoire que je parle de l'odeur des mansardes, Claire. Et de ces lits jumeaux où deux sœurs s'endorment en rêvant l'une de l'autre. Là…

> *Elle désigne un point de la chambre.*

Là, les deux lits de fer séparés par la table de nuit. Là…

> *Elle désigne un point opposé.*

La commode en pitchpin avec le petit autel à la Sainte-Vierge ! C'est exact, n'est-ce pas ?

SOLANGE : Nous sommes malheureuses. J'en pleure-rais ! Si vous continuez...

CLAIRE : C'est donc exact ! Passons très vite sur vos dévotions et sur vos agenouillements. Je ne parlerai même pas des fleurs en papier...

> *Elle rit.*

En papier ! Et la branche de buis bénit !

> *Elle montre les fleurs de la chambre.*

Regarde ces corolles ouvertes en mon honneur ! Claire, ne suis-je pas une Vierge plus belle ?

SOLANGE, *comme en adoration* : Taisez-vous...

CLAIRE : Et là.

> *Elle désigne un point surélevé de la fenêtre.*

Cette fameuse lucarne d'où un laitier demi-nu saute jusqu'à votre lit !

SOLANGE : Madame s'égare, Madame...

CLAIRE : Et vos mains ? N'égarez pas vos mains. Vous l'ai-je assez *(elle hésite)* murmuré : elles empestent l'évier.

SOLANGE : La chute !

CLAIRE : Hein ?

SOLANGE, *arrangeant la robe aux hanches de Claire* : La chute. J'arrange votre chute d'amour.

CLAIRE : Écartez-vous, frôleuse !

> *Elle aonne à Solange sur la tempe un coup de talon Louis XV. Solange, accroupie, vacille et recule.*

SOLANGE : Oh ! Une voleuse, moi ?

CLAIRE : Je dis frôleuse, et si vous tenez à pleurni-cher, que ce soit dans votre mansarde. Je n'accepte ici, dans ma chambre, que des larmes nobles. Le bas de ma robe en sera certain jour constellé, mais de larmes précieuses. Et disposez la traîne, traînée.

SOLANGE, *extasiée* : Madame s'emporte !

CLAIRE : Dans ses bras parfumés le diable m'emporte. Il me soulève, je décolle, je pars...

> *Elle frappe le sol du talon.*

... et je reste. Le collier ! Mais dépêche-toi, nous n'aurons pas le temps. Si la robe est trop longue, fais un ourlet avec des épingles de nourrice.

> *Solange se relève et va pour prendre le collier dans un écrin, mais Claire la devance et s'empare du bijou. Ses doigts ayant frôlé ceux de Solange, horrifiée, Claire recule.*

Tenez vos mains loin des miennes, votre contact est hideux. Dépêchez-vous.

SOLANGE : Il ne faut pas exagérer. Vos yeux s'allument.

CLAIRE : Vous dites ?

SOLANGE : Les limites, les bornes, Madame. Les frontières ne sont pas des conventions, mais des lois. Ici mes terres, là votre rivage...

CLAIRE : Quel langage, ma fille. Claire, tu veux dire que j'ai déjà traversé les mers ! Tu m'offres le désolant exil de ton imagination ? Tu te venges, n'est-ce pas ? Tu sens approcher l'instant où, cessant d'être une bonne...

SOLANGE : Vous me comprenez à merveille. Vous me devinez.

CLAIRE, *de plus en plus exaltée* : ... approcher l'instant où cessant d'être une bonne, tu deviens la vengeance elle-même, mais, Claire, n'oublie pas, Claire, tu m'écoutes ? n'oublie pas que la vengeance était couvée par la bonne, et que moi... mais, Claire, tu ne m'écoutes pas ?

SOLANGE, *distraitement* : Je vous écoute...

CLAIRE : ... que la vengeance et la bonne, je les contiens l'une et l'autre et leur donne chance de vie, chance de salut. Claire, c'est lourd, affreusement pénible d'être une maîtresse, de contenir toutes les ressources de la haine, d'être le fumier d'où tu surgiras. Tu veux[1] me voir nue tous les jours. Je suis belle, n'est-ce pas ? Mon désespoir d'amante m'embellit encore, mais tu ne sais pas quelle force il me faut[2] !

SOLANGE, *méprisante* : Votre amant !

CLAIRE : Mon malheureux amant sert encore ma noblesse. Oui. Oui ma fille. D'elle tu ne connaîtras que son contraire en toi-même. Je grandis davantage afin de te réduire encore et de l'exalter...

SOLANGE : Assez ! Dépêchez-vous. Vous êtes prête ?

CLAIRE : Et toi ?

SOLANGE, *elle recule jusqu'à l'armoire* : Je suis prête. J'en ai assez d'être un objet de dégoût. Moi aussi je vous hais. Je vous méprise. Je hais votre poitrine pleine de souffles embaumés. Votre poitrine... d'ivoire ! Vos cuisses... d'or ! Vos pieds... d'ambre ! Je vous hais !

Elle crache sur la robe rouge.

CLAIRE, *suffoquée* : Oh !... Oh !... mais...

SOLANGE, *marchant sur elle* : Oui, ma belle. Vous croyez que tout vous sera permis jusqu'au bout ? Vous croyez pour toujours dérober la beauté du ciel et m'en priver ? Choisir vos parfums, vos poudres, vos rouges à ongles, la soie, le velours, la dentelle, et m'en priver ?

Et me prendre le laitier ? Avouez ! Avouez le laitier ! Sa jeunesse, sa fraîcheur vous troublent, n'est-ce pas ? Avouez le laitier. Car Solange vous emmerde !

CLAIRE, *affolée* : Claire ! Claire !

SOLANGE : Hein ?

CLAIRE, *dans un murmure* : Claire, Solange, Claire.

SOLANGE : Ah ! oui, Claire, Claire vous emmerde ! Claire est là, plus claire que jamais. Lumineuse !

> *Elle gifle Claire.*

CLAIRE : Oh !... Oh !... Claire !... Vous... Oh !...

SOLANGE : Madame se croyait protégée par ses barricades de fleurs, sauvée par un exceptionnel destin, par le sacrifice. C'était compter sans la révolte d'une bonne. La voici montée, Madame. Elle rend inutile vos discours. Elle va crever et dégonfler votre aventure. Ce Monsieur n'était qu'un triste voleur et vous...

CLAIRE : Je t'interdis !

SOLANGE : Plaisanterie ! M'interdire ! Madame est interdite. Son visage se décompose. Vous désirez un miroir ? Voici.

> *Elle tend à Claire un miroir à main.*

CLAIRE, *se mirant avec complaisance* : Il a la forme d'une gifle, mais j'y suis plus belle !

SOLANGE   Une gifle !

CLAIRE   Le danger m'auréole, Claire, et toi, tu n'es que ténèbres...

SOLANGE : ... dangereuses ! Je sais. Je connais la tirade. Je lis sur votre visage ce qu'il faut vous répondre. J'irai donc jusqu'au bout. Les deux bonnes sont là — les dévouées servantes ! — devant vous. Méprisez-les. Devenez plus belle. Nous ne vous craignons plus.

Nous sommes enveloppées, confondues dans nos exhalaisons, dans nos fastes, dans notre haine pour vous.
Nous prenons forme, Madame. Ne riez pas — ah ! surtout ne riez pas de ma grandiloquence...

CLAIRE : Allez-vous-en !

SOLANGE : Pour vous servir encore, Madame ! Je
retourne à ma cuisine. J'y retrouve mes gants et l'odeur
de mes dents. Le rot silencieux de l'évier. Vous avez
vos fleurs, j'ai mon évier. Je suis la bonne. Vous, au
moins, vous ne pouvez pas me souiller. Mais ! Mais !...

> *Elle avance sur Claire, menaçante.*

Mais, avant d'y retourner, je vais terminer la besogne.

> *Soudain, un réveille-matin sonne. Solange s'arrête.*
> *Les deux actrices se rapprochent, émues, et écoutent*
> *pressées l'une contre l'autre.*

Déjà ?

CLAIRE : Dépêchons-nous, Madame va rentrer.

> *Elle commence à dégrafer sa robe.*

Aide-moi. C'est déjà fini. Et tu n'as pas pu aller
jusqu'au bout.

SOLANGE, *l'aidant. D'un ton triste* : C'est chaque fois
pareil. Et par ta faute. Tu n'es jamais prête assez vite. Je
ne peux pas t'achever.

CLAIRE : Ce qui nous prend du temps, c'est les préparatifs. Remarque...

SOLANGE, *elle lui enlève sa robe* : Surveille la fenêtre.

CLAIRE : ... Remarque que nous avons de la marge.
J'ai remonté le réveil de façon qu'on puisse tout ranger.

> *Elle se laisse, avec lassitude, tomber sur le fauteuil.*

SOLANGE, *doucement* : Il fait lourd, ce soir. Il a fait lourd toute la journée.

CLAIRE, *doucement* : Oui.

SOLANGE : C'est ce qui nous tue, Claire !

CLAIRE : Oui.

SOLANGE : C'est l'heure.

CLAIRE : Oui.

Elle se lève avec lassitude.

Je vais préparer la tisane.

SOLANGE : Surveille la fenêtre.

CLAIRE : On a le temps.

Elle s'essuie le visage.

SOLANGE : Tu te regardes encore... Claire, mon petit...

CLAIRE : Ne m'ennuie pas, je suis lasse.

SOLANGE, *dure* : Surveille la fenêtre. Grâce à ta maladresse, rien ne serait à sa place. Et il faut que je nettoie la robe de Madame.

Elle regarde sa sœur.

Alors, qu'est-ce que tu as ? Tu peux me ressembler, maintenant. Reprends ton visage. Allons, Claire, redeviens ma sœur.

CLAIRE : Je suis à bout. Cette lumière m'assomme. Tu crois que les gens d'en face...

SOLANGE : Qu'est-ce que cela peut nous faire ? Et tu ne voudrais pas qu'on...

Elle hésite.

... qu'on s'organise dans le noir ? Repose-toi. Ferme les yeux. Ferme les yeux, Claire.

CLAIRE, *elle met sa petite robe noire* : Oh ! quand je

dis que je suis lasse, c'est une façon de parler. N'en profite pas pour me plaindre. Ne cherche pas à me dominer

SOLANGE : Je n'ai jamais cherché à te dominer. Je voudrais que tu te reposes. C'est surtout quand tu te reposes que tu m'aides.

CLAIRE : Je te comprends, ne t'explique pas.

SOLANGE : Si, je m'expliquerai. C'est toi qui as commencé. Et d'abord en faisant cette allusion au laitier. Tu crois que je ne t'ai pas devinée ? Si Mario...

CLAIRE : Oh !

SOLANGE : ... Si le laitier me dit des grossièretés le soir, il t'en dit autant. Mais tu étais bien heureuse de pouvoir...

CLAIRE, *elle hausse les épaules* : Tu ferais mieux de voir si tout est en ordre. Regarde, la clé du secrétaire était placée comme ceci.

Elle arrange la clé.

Et sur les œillets et les roses, il est impossible, comme dit Monsieur, de ne pas...

SOLANGE, *violente* : Tu étais heureuse de pouvoir tout à l'heure mêler tes insultes...

CLAIRE : ... découvrir un cheveu de l'une ou de l'autre bonne !

SOLANGE : ... et les détails de notre vie privée avec...

CLAIRE, *ironique* : Avec ? Avec ? Avec quoi ? Donne un nom à la chose ? La cérémonie ? D'ailleurs, nous n'avons pas le temps de commencer une discussion ici. Elle, elle. Elle va rentrer. Mais, Solange, cette fois nous la tenons. Je t'envie d'avoir vu sa tête en apprenant l'arrestation de son amant. Pour une fois, j'ai fait du beau travail. Tu le reconnais. Sans moi, sans ma lettre de dénonciation, tu n'aurais pas eu ce spectacle : l'amant avec les menottes et Madame en larmes. Elle peut en mourir. Ce matin, elle ne tenait plus debout.

SOLANGE : Tant mieux. Qu'elle en claque ! Et que j'hérite, à la fin ! Ne plus remettre les pieds dans cette mansarde sordide, entre ces imbéciles, entre cette cuisinière et ce valet de chambre.

CLAIRE : Moi, je l'aimais notre mansarde.

SOLANGE : Afin de me contredire. Ne t'attendris pas sur elle. Moi qui la hais, je la vois telle qu'elle est, sordide et nue. Dépouillée. Mais quoi, nous sommes des pouilleuses.

CLAIRE : Ah ! non, ne recommence pas. Regarde plutôt à la fenêtre. Moi, je ne peux rien voir, la nuit est trop noire.

SOLANGE : Laisse-moi parler. Laisse-moi me vider. J'ai aimé la mansarde parce que sa pauvreté m'obligeait à de pauvres gestes. Pas de tentures à soulever, pas de tapis à fouler, de meubles à caresser... de l'œil ou du torchon, pas de glaces, pas de balcons. Rien ne nous forçait à un geste trop beau. Rassure-toi, tu pourras continuer à faire ta souveraine, ta Marie-Antoinette, te promener la nuit dans l'appartement.

CLAIRE : Tu es folle ! Jamais je ne me suis promenée dans l'appartement.

SOLANGE, *ironique* : Certainement. Mademoiselle ne s'est jamais promenée ! Enveloppée dans les rideaux ou le couvre-lit de dentelle, n'est-ce pas ? Se contemplant dans les miroirs, se pavanant au balcon et saluant à deux heures du matin le peuple accouru défiler sous ses fenêtres. Jamais, non, jamais.

CLAIRE : Mais, Solange...

SOLANGE : La nuit est trop noire pour épier Madame, et sur ton balcon tu te croyais invisible. Pour qui me prends-tu ? N'essaye pas de me convaincre que tu es somnambule. Au point où nous en sommes, tu peux avouer.

CLAIRE : Mais, Solange, tu cries ? Je t'en prie, parle plus bas. Madame peut rentrer en sourdine...

> *Elle court à la fenêtre et soulève le rideau.*

SOLANGE : J'ai fini. Laisse les rideaux. Oh ! que je n'aime pas te voir les soulever de cette façon. Laisse-les retomber. Ton geste me bouleverse. Le matin de son arrestation, Monsieur faisait comme toi quand il épiait les policiers.

CLAIRE : Tu as peur maintenant ? Le moindre geste te paraît un geste d'assassin qui veut s'enfuir par l'escalier de service.

SOLANGE : Ironise afin de m'exciter. Ironise, va ! Personne ne m'aime ! Personne ne nous aime !

CLAIRE : Elle, elle nous aime. Elle est bonne. Madame est bonne ! Madame nous adore.

SOLANGE : Elle nous aime comme ses fauteuils... Et encore ! Comme son bidet, plutôt. Comme le siège en faïence rose de ses latrines. Et nous, nous ne pouvons pas nous aimer. La crasse...

CLAIRE : Ah !...

SOLANGE : ... n'aime pas la crasse. Et tu crois que je vais en prendre mon parti, continuer ce jeu et le soir rentrer dans mon lit-cage ? Le jeu ! Pourrons-nous même le continuer. Et si je n'ai plus à cracher, moi, sur quelqu'un qui m'appelle Claire, mes crachats vont m'étouffer ! Mon jet de salive, c'est mon aigrette de diamants !

CLAIRE, *elle se lève et pleure* : Parle plus doucement, je t'en prie. Parle... parle de la bonté de Madame.

SOLANGE : Sa bonté, n'est-ce pas ? C'est facile d'être bonne, et souriante, et douce. Ah ! sa douceur ! Quand on est belle et riche. Mais être bonne quand on est une bonne ? On se contente de parader pendant qu'on fait le ménage ou la vaisselle. On brandit un plumeau comme un éventail. On a des gestes élégants avec la serpillière. Ou bien, comme toi, on va s'offrir la nuit le luxe d'un défilé historique dans les appartements de Madame.

CLAIRE : Solange ! Encore ! Que cherches-tu ? Tu crois que ce sont tes accusations qui vont nous calmer ? Sur ton compte, je pourrais en raconter de plus belles.

SOLANGE : Toi ? Toi ?

CLAIRE : Parfaitement, moi. Si je voulais. Parce qu'enfin, après tout...

SOLANGE : Tout ? Après tout ? Qu'est-ce que tu insinues ? C'est toi qui m'as parlé de cet homme. Claire, je te hais.

CLAIRE : Je te le rends bien. Mais je n'irai pas chercher le prétexte d'un laitier pour te confondre. J'ai beaucoup mieux, et tu le sais.

SOLANGE : Qui de nous deux menacera l'autre plus efficacement ? Hein ? Tu hésites ?

CLAIRE : Essaye d'abord ! Tire la première. C'est toi qui recules, Solange. Tu n'oses pas m'accuser du plus grave : mes lettres. La mansarde a été submergée par mes essais d'écritures, par des pages et des pages ; j'ai inventé les pires histoires et les plus belles dont tu profitais. Tu gaspillais mon délire. Hier, quand tu étais Madame, je regardais ta joie de te servir de ce prétexte pour monter en cachette sur le *Lamartinière*, fuir la France, accompagner ton amant...

SOLANGE : Claire…

CLAIRE : … ton amant jusqu'à l'île du Diable, jusqu'à la Guyane. Tu étais heureuse de la chance que t'offraient mes lettres d'être la prostituée soumise au voleur[1]. Tu étais heureuse de te sacrifier, de porter la croix du mauvais larron, de lui torcher le visage, de le soutenir, de te livrer aux chiourmes afin qu'un léger soulagement lui soit accordé. Et tu te sentais grandir ! Tu dépassais mon front, ton front dépassait celui des palmiers[2]…

SOLANGE : Mais toi, tout à l'heure, quand tu parlais de le suivre…

CLAIRE : Parfaitement. Je ne le nie pas. J'ai repris le thème où tu l'avais lâché. Mais avec moins de violence que toi. Dans la mansarde déjà, au milieu des lettres, le langage te faisait chalouper.

SOLANGE : Tu ne te voyais pas…

CLAIRE : Si. Je suis la plus lucide. Le thème c'est toi qui l'as inventé. Tourne la tête. Ha ! Si tu te voyais, Solange, ta face est encore illuminée par le couchant de la forêt vierge ! Tu prépares son évasion !

Elle rit nerveusement.

Comme tu te travailles ! Mais rassure-toi, troubler ton beau voyage serait cruel. Je te hais pour d'autres raisons. Tu les connais.

SOLANGE, *baissant la voix* : Je ne te crains pas. Je ne doute pas de ta haine, de ta fourberie, mais fais bien attention. C'est moi l'aînée.

CLAIRE : Qu'est-ce que cela veut dire, l'aînée ? Et la plus forte ? Tu m'obliges à te parler de cet homme pour mieux détourner mes regards ! Allons donc ! Tu crois que je ne t'ai pas découverte ? Tu as essayé de la tuer.

SOLANGE : Tu m'accuses ?

CLAIRE : Ne nie pas. Je t'ai vue.

Un long silence.

Et j'ai eu peur. Peur, Solange. À travers elle, c'est moi que tu vises. C'est moi qui suis en danger. Quand nous accomplissons la cérémonie, je protège mon cou.

Un long silence. Solange hausse les épaules.

SOLANGE, *décidée* : C'est tout ? Oui, j'ai essayé. J'ai voulu te délivrer. Je n'en pouvais plus. J'étouffais de te voir étouffer, rougir, verdir, pourrir dans l'aigre et le doux de cette femme. Reproche-le-moi, tu as raison. Je t'aimais trop. Si je l'avais tuée, tu aurais été la première à me dénoncer. C'est par toi que j'aurais été livrée à la police.

CLAIRE, *elle la prend aux poignets* : Solange…

SOLANGE, *se dégageant* : Que crains-tu ? Il s'agit de moi.

CLAIRE : Solange, ma petite sœur, elle va rentrer.

SOLANGE : Je n'ai tué personne. J'ai été lâche, tu comprends. J'ai fait mon possible, mais elle s'est retournée en dormant. Elle respirait doucement. Elle gonflait les draps : c'était Madame.

CLAIRE : Arrête.

SOLANGE : Tu m'arrêtes ! Hein ? Tu as voulu savoir, attends, je vais encore t'en raconter. Tu connaîtras comme elle est faite, ta sœur. De quoi elle est faite. Ce qui compose une bonne. J'ai voulu l'étrangler…

CLAIRE : Laisse-moi. Songe à ce qu'il y a après.

SOLANGE : Il n'y a rien. J'en ai assez de m'agenouiller sur des bancs. À l'église, j'aurais eu le velours rouge des abbesses ou la pierre des pénitentes, mais au moins noble serait mon attitude. Vois, mais vois comme elle souffre bien, elle ? Comme elle souffre en beauté ? La douleur la transfigure, l'embellit encore ? En apprenant que son amant était un voleur, elle tenait tête à la police. Elle exultait. Maintenant, c'est une abandonnée magnifique, soutenue sous chaque bras par deux servantes attentives et désolées par sa peine. Tu l'as vue ? Sa peine étincelante des feux de ses bijoux, du satin de ses robes, des lustres ! Claire, j'ai voulu compenser la pauvreté de mon chagrin par la magnificence de mon crime. Après, j'aurais mis le feu.

CLAIRE : Solange, calme-toi. Le feu pouvait ne pas prendre. On t'aurait découverte. Tu sais ce qui attend les incendiaires.

SOLANGE : Je sais tout. J'ai eu l'œil et l'oreille aux serrures. J'ai écouté aux portes plus qu'aucune domestique. Je sais tout. Incendiaire ! C'est un titre admirable.

CLAIRE : Tais-toi. J'étouffe. Tu m'étouffes.

Elle veut entrouvrir la fenêtre.

Ah ! laisser entrer un peu d'air ici !

SOLANGE : Laisse la fenêtre. Ouvre les portes de la cuisine et de l'antichambre.

Claire ouvre l'une et l'autre portes.

Va voir si l'eau bout.

CLAIRE : Toute seule ?

SOLANGE : Attends, alors, attends qu'elle vienne. Elle apporte ses étoiles, ses larmes, ses sourires, ses soupirs. Elle va nous corrompre par sa douceur.

Sonnerie du téléphone. Les deux écoutent.

CLAIRE, *au téléphone* : Monsieur ? C'est Monsieur !... C'est Claire, Monsieur...

Solange veut prendre un écouteur, mais Claire l'écarte.

Bien. J'avertirai Madame. Madame sera heureuse de savoir Monsieur en liberté... Bien, Monsieur... Bien... Bonsoir, Monsieur.

Elle veut raccrocher, mais sa main tremble et elle pose l'écouteur sur la table.

SOLANGE : Il est sorti ?

CLAIRE : Le juge le laisse en liberté provisoire.

SOLANGE : Eh bien, tu as bien travaillé. Mes compliments. Tes dénonciations, tes lettres, tout marche admirablement. Et si on reconnaît ton écriture, c'est parfait.

CLAIRE : Je t'en prie, ne m'accable pas. Puisque tu es si habile, il fallait donc réussir ton affaire avec Madame. Mais tu as eu peur. Le lit était tiède. L'air parfumé. C'était Madame ! Il nous reste à continuer cette vie. Reprendre le jeu. Mais malheureuse, même le jeu est dangereux. Je suis sûre que nous avons laissé des traces. Nous en laissons chaque fois. Je vois une foule de traces que je ne pourrai jamais effacer. Et elle, elle se promène au milieu de cela qu'elle apprivoise. Elle le déchiffre. Elle pose le bout de son pied rose sur nos traces. Elle nous découvre l'une après l'autre. Madame se moque de nous ! Par ta faute. Tout est perdu parce que tu n'as pas eu la force.

SOLANGE : Je peux encore trouver la force qu'il me faut.

CLAIRE : Où ? Où ? Tu n'es pas aussi au-delà que moi. Tu ne vis pas au-dessus de la cime des arbres. Un laitier traversant ta tête te bouleverse.

SOLANGE : C'est de n'avoir pas vu sa figure, Claire. D'avoir été tout à coup si près de Madame parce que j'étais près de son sommeil. Je perdais mes forces. Pour trouver la gorge, il fallait relever le drap que sa poitrine soulevait.

CLAIRE, *ironique* : Et les draps étaient tièdes. La nuit noire. C'est en plein jour qu'on fait ces coups-là. Tu es incapable d'un acte aussi terrible. Mais moi, je peux réussir.

SOLANGE : Claire !

CLAIRE : Où tu n'as pas su passer, je passerai.

SOLANGE, *elle se recoiffe* : Claire, ne t'exalte pas, ne t'aventure pas...

CLAIRE : Où crois-tu que je m'aventure ? D'abord, ne mêle pas tes épingles à cheveux aux miennes ! Tu... Oh ! Et puis si, mêle ta crasse à ma crasse. Mêle ! Mêle ! Mêle tes haillons douteux à mes loques ! Mêlons tout cela. Cela donnera une bonne odeur de bonnes. Monsieur nous aura vite découvertes. Et nous mourrons dans la honte ajoutée à la honte.

Soudain, calme.

Je suis capable de tout, tu sais.

SOLANGE : Le gardénal.

CLAIRE : Oui. Parlons paisiblement. Je suis forte. Tu as essayé de me dominer...

SOLANGE : Mais, Claire...

CLAIRE, *calmement* : Pardon. Je sais ce que je dis. Je suis Claire. Et prête. J'en ai assez. Assez d'être l'araignée, le fourreau de parapluie, la religieuse sordide et sans dieu, sans famille. J'en ai assez d'avoir un fourneau comme autel. Je suis la noire, la pimbêche, la putride. À tes yeux aussi.

SOLANGE : Claire... Nous sommes nerveuses. Madame n'arrive pas. Moi aussi je n'en peux plus. Je n'en peux plus de notre ressemblance, je n'en peux plus de mes mains, de mes bas noirs, de mes cheveux. Je ne te reproche rien, ma petite sœur. Tes promenades te soulageaient.

CLAIRE, *agacée* : Ah ! laisse.

SOLANGE : Je voudrais t'aider. Je voudrais te consoler, mais je sais que je te dégoûte. Je te répugne. Et je le sais puisque tu me dégoûtes. S'aimer dans la servitude, ce n'est pas s'aimer.

CLAIRE : C'est aussi grave. J'en ai assez de ce miroir effrayant qui me renvoie mon image comme on renvoie une mauvaise odeur. Tu es ma mauvaise odeur. Eh bien ! je suis prête. Prête à mordre. J'aurai ma couronne. Je pourrai me promener dans les appartements.

SOLANGE : Nous ne pouvons pas la tuer pour si peu.

CLAIRE : Vraiment ? Et pourquoi, s'il vous plaît ? Pour quel autre motif ? Où et quand trouverions-nous un plus beau prétexte ? Ah ! ce n'est pas assez ? Assez d'être violée par ce laitier traversant nos mansardes en riant[1] ? Ce soir, Madame assistera à notre confusion. En riant aux éclats, en riant parmi ses pleurs, avec ses soupirs épais. Non. J'aurai ma couronne. Je serai cette empoisonneuse que tu n'as pas su être. À mon tour de te dominer

SOLANGE : Mais jamais…

CLAIRE : Passe-moi la serviette ! Passe-moi les épingles à linge ! Épluche les oignons ! Gratte les carottes ! Lave les carreaux ! C'est fini. Fini. Ah ! j'oubliais ferme le robinet ! C'est fini. Je disposerai du monde

SOLANGE : Ma petite sœur !

CLAIRE : Tu m'aideras.

SOLANGE : Tu ne sauras pas quels gestes faire. Les choses sont plus graves, Claire, plus simples.

CLAIRE : Nous avons lu l'histoire de sœur Sainte-Croix du Val-Béni qui a empoisonné vingt-sept Arabes.

Elle marchait déchaussée, les pieds ankylosés. Elle était soulevée, portée vers le crime. Nous avons lu l'histoire de la Princesse Albanarez qui fit mourir son amant et son mari. Avec le flacon débouché, elle traça sur le bol de tisane un grand signe de croix. Devant les cadavres, elle ne vit que la mort, et au loin l'image très agile d'elle-même portée par le vent. Elle eut tous les gestes du désespoir terrestre. Dans le livre de la marquise de Venosa, celle qui empoisonna ses enfants, on dit qu'elle s'approcha du lit soutenue sous les bras par le fantôme de son amant[1].

SOLANGE : Ma petite sœur, ma petite fée !

CLAIRE : Je serai soutenue par les bras solides du laitier. J'appuierai ma main gauche sur sa nuque. Il ne flanchera pas. Tu m'aideras. Et plus loin, Solange, s'il faut aller plus loin, si je dois partir pour le bagne, tu m'accompagneras, tu monteras sur le bateau, la fuite que tu prépares pour l'autre me servira, nous serons ce couple éternel, Solange, à nous deux, le couple éternel du criminel et de la sainte. Nous serons sauvées, Solange, sauvées, je te le jure !

Elle tombe sur le lit de Madame.

SOLANGE : Calme-toi. Tu vas dormir. Je vais te porter là-haut.

CLAIRE : Laisse-moi. Fais de l'ombre. Fais un peu d'ombre, je t'en supplie.

Solange éteint.

SOLANGE : Repose-toi. Repose-toi, ma petite sœur.

Elle s'agenouille, déchausse Claire, lui baise les pieds.

Calme-toi, mon chéri.

> *Elle la caresse.*

Pose tes pieds sur mes épaules. Là. Ferme les yeux.

CLAIRE, *elle soupire* : J'ai honte, Solange.

SOLANGE, *très doucement* : Ne parle pas. Laisse-moi faire. Je vais t'endormir. Quand tu dormiras, je te porterai là-haut, dans la mansarde. Je te déshabillerai et je te coucherai dans ton petit lit-cage. Dors, je serai là.

CLAIRE : J'ai honte, Solange.

SOLANGE : Chut ! Laisse-moi te raconter une histoire.

CLAIRE, *simplement* : Solange ?

SOLANGE : Mon ange ?

CLAIRE : Solange, écoute…

SOLANGE : Dors.

> *Long silence.*

CLAIRE : Tu as de beaux cheveux ? Oh, comme tu as de beaux cheveux. Les siens…

SOLANGE : Ne parle plus d'elle.

CLAIRE : Les siens sont faux.

> *Long silence.*

Tu te rappelles ? Sous l'arbre, toutes les deux ? Nos pieds au soleil ? Solange ?

SOLANGE : Je suis là. Dors. Je suis ta grande sœur

> *Silence. Au bout d'un moment, Claire se lève.*

CLAIRE : Non ! Pas de faiblesse ! Allume ! Allume ! Le moment est trop beau !

> *Solange allume.*

Debout. Et mangeons. Qu'est-ce qu'il y a à la cuisine ? Hein ? Il faut manger. Pour être forte. Viens, tu vas me conseiller. Le gardénal.

SOLANGE : Je suis trop lasse. Oui, le gardénal…

CLAIRE : Le gardénal ! Ne fais pas cette tête. Il faut être joyeuse. Et chanter. Chantons ! Chante, comme quand tu iras mendier dans les cours et les ambassades ! Rire !

> *Elles rient aux éclats.*

Sinon le tragique va nous faire nous envoler par la fenêtre. Ferme la fenêtre.

> *En riant, Solange ferme la fenêtre.*

L'assassinat est une chose… inénarrable !

SOLANGE : Chantons ! Nous l'emporterons dans un bois, et sous les sapins, au clair de lune, nous la découperons en morceaux. Et nous chanterons. Nous l'enterrerons sous les fleurs, dans nos parterres que nous arroserons le soir avec un petit arrosoir !

> *Sonnerie à la porte d'entrée de l'appartement.*

CLAIRE : Ciel !

SOLANGE : C'est elle qui rentre. Arrange le lit.

> *Elle prend sa sœur aux poignets.*

Claire, tu es sûre de tenir le coup ?

CLAIRE : Il faut combien ?

SOLANGE : Mets-en dix. Dix cachets de gardénal dans son tilleul. Tu oseras ?

CLAIRE, *elle se dégage, va arranger le lit, la regarde un instant* : Oui. J'ai le tube sur moi.

> *Solange sort à gauche, Claire continue à arranger la chambre et sort à droite. Quelques secondes s'écoulent. Dans la coulisse on entend un éclat de rire*

nerveux. Suivie de Solange, Madame, couverte de fourrures, entre en riant.

MADAME : De plus en plus ! Des glaïeuls horribles, d'un rose débilitant, et du mimosa ! Elles doivent courir les Halles avant le jour pour les acheter moins cher.

Solange lui retire son manteau de fourrure.

SOLANGE : Madame n'a pas eu trop froid ?

MADAME : Si, Solange, j'ai eu très froid. Toute la soirée, j'ai traîné dans les couloirs, j'ai vu des hommes glacés, des visages de marbre, mais j'ai pu apercevoir Monsieur. De très loin. J'ai fait un signe. Je quitte à l'instant la femme d'un magistrat. Claire !

SOLANGE : Elle prépare le tilleul de Madame.

MADAME : Qu'elle se dépêche. J'ai honte de réclamer du tilleul quand Monsieur est seul, sans rien, sans nourriture, sans tabac.

SOLANGE : Mais Monsieur ne restera pas longtemps là-bas. On s'apercevra vite qu'il n'est pas coupable.

MADAME : Coupable ou non, je ne l'abandonnerai jamais, jamais. Tu vois, Solange, c'est dans des instants comme ceux-ci qu'on reconnaît son amour pour un être. Moi non plus je ne le crois pas coupable, mais s'il l'était, je deviendrais sa complice. Je l'accompagnerais jusqu'en Guyane, jusqu'en Sibérie.

SOLANGE : Il ne faut pas s'affoler. J'ai vu acquitter des cas plus graves. Aux assises d'Aix-en-Provence...

MADAME : Tu fréquentes les Assises ? Toi ?

SOLANGE : Les comptes rendus. Je vous parle d'un homme...

MADAME : Le cas de Monsieur est incomparable. On l'accuse de vols idiots. Je sais qu'il s'en tirera. Je veux dire seulement que par cette histoire imbécile, je prends conscience de mon attachement à lui. Ce qui arrive n'est pas sérieux, mais si ce l'était, Solange, avec quelle joie j'accepterais de porter sa croix ! D'étape en étape, de prison en prison, je le suivrais, à pied s'il le fallait et jusqu'au bagne.

SOLANGE : On ne le permettrait pas. Les épouses des bandits, ou leurs sœurs, ou leur mère même ne peuvent les suivre.

MADAME : Un condamné n'est plus un bandit. Ensuite, je forcerais les consignes. *(Soudain coquette.)* Mais Solange, j'aurais tous les courages. J'emploierais mes armes. Pour qui me prends-tu ?

SOLANGE : Madame ne doit pas se faire de pareilles idées. Il faut vous reposer.

MADAME : Je ne suis pas lasse. Vous me traitez comme une impotente. Vous êtes là à me dorloter, à me choyer, comme si j'étais une moribonde. Dieu merci, je suis alerte. Et prête pour la lutte.

> *Elle regarde Solange et, la devinant fâchée, elle ajoute, souriante.*

Allons, allons, ne fais pas cette tête-là.

> *Soudain violente.*

Enfin, c'est vrai ! Il y a des moments où votre gentillesse m'agace. Elle m'accable. Elle m'étouffe. Et ces fleurs qui sont là pour fêter juste le contraire d'une noce !

SOLANGE : Si Madame veut dire que nous manquons de discrétion...

MADAME : Mais je n'ai rien voulu dire de pareil, ma petite Solange. Mon énervement est cause de tout. Vous voyez dans quel état je suis.

SOLANGE : Madame veut voir les comptes de la journée ?

MADAME : C'est en effet le moment. Tu es inconsciente. Crois-tu que j'aie la tête aux chiffres ? Tu me montreras demain.

SOLANGE, *elle range la cape de fourrure* : La doublure est déchirée. Je la donnerai demain au fourreur.

MADAME : Si tu veux. Encore que ce ne soit guère la peine. Maintenant, j'abandonne mes toilettes. D'ailleurs, je suis une vieille femme.

SOLANGE : Les idées noires qui reviennent.

MADAME : J'ai des idées de deuil, ne t'en étonne pas. Comment pourrais-je mener une vie mondaine, quand Monsieur est en prison ? Si la maison vous paraît trop triste...

SOLANGE : Jamais nous n'abandonnerons Madame.

MADAME : Je le sais, Solange. Vous n'étiez pas trop malheureuses avec moi ?

SOLANGE : Oh !

MADAME : Quand vous aviez besoin de quelque chose, je faisais en sorte que vous l'ayez. Rien qu'avec mes anciennes robes, vous pourriez être vêtues comme des princesses. D'ailleurs, mes robes...

> *Elle va à l'armoire et regarde les robes.*

... à quoi me serviront-elles ? J'abandonne la vie élégante.

> *Entre Claire portant le tilleul.*

CLAIRE : Le tilleul est prêt.

MADAME : Adieu les bals, les soirées, le théâtre. C'est vous qui allez hériter de tout cela.

CLAIRE : Madame se laisse aller. Il faut se ressaisir.

SOLANGE : Le tilleul est prêt.

MADAME : Pose-le. Je vais me coucher. C'est fini.

> *Elle caresse la robe de velours rouge.*

Ma belle *Fascination*. Ma plus belle.

> *Elle la décroche et la caresse.*

C'est Chanel qui l'avait dessinée pour moi. Spécialement. Tiens, je vous la donne Je t'en fais cadeau.

> *Elle la donne à Claire et cherche dans l'armoire.*

CLAIRE : Oh ! Madame me la donne vraiment ?

MADAME, *souriant tristement* : Bien sûr. Puisque je le dis.

SOLANGE : Madame est gentille. *(À Claire :)* Tu peux remercier Madame. Depuis le temps que tu l'admirais.

CLAIRE : Elle est si belle. Jamais je n'oserai la mettre.

MADAME : Tu pourras la faire retailler. Dans la traîne seulement il y a le velours des manches. Et toi, Solange, je vais te donner... qu'est-ce que je vais te donner ? Tiens, ce manteau.

> *Elle tend à Solange le magnifique manteau de fourrure.*

CLAIRE : Oh ! le manteau de parade !

SOLANGE, *émue* : Oh ! Madame... jamais... Madame est trop bonne.

MADAME : Non, non, ne me remerciez pas. C'est si agréable de faire plaisir. Maintenant, je vais me déshabiller.

> *Elle regarde le téléphone.*

Qui a encore décroché l'écouteur ?

CLAIRE : C'est quand Monsieur...

Elle s'arrête soudain.

MADAME, *stupéfaite* : Hein ? Quand Monsieur ? *(Claire se tait.)* Quoi ? Parlez ?

SOLANGE, *lentement et comme malgré elle* : Quand Monsieur a téléphoné.

MADAME : Que dis-tu, Monsieur a téléphoné ?

SOLANGE : Nous voulions faire une surprise à Madame. Monsieur est en liberté provisoire. Il attend Madame au *Bilboquet*.

MADAME, *se levant* : Et vous ne disiez rien ! Une voiture. Solange, vite, vite, une voiture. Mais dépêche-toi. Cours, voyons.

Elle pousse Solange hors de la chambre.

Mes fourrures ! Mais plus vite ! Vous êtes folles. Vous me laissiez parler. Mais enfin, mais vous êtes folles. Ou c'est moi qui le deviens.

Elle met son manteau de fourrure. À Claire.

Quand a-t-il téléphoné ?

CLAIRE, *d'une voix blanche* : Cinq minutes avant le retour de Madame.

MADAME : Mais il fallait me parler. Et ce tilleul qui est froid. Jamais je ne pourrai attendre le retour de Solange. Oh ! Qu'est-ce qu'il a dit ?

CLAIRE : Ce que je viens de dire. Il était très calme.

MADAME : Ah ! lui toujours. Sa condamnation à mort le laisserait insensible. C'est une nature. Ensuite ?

CLAIRE : Rien. Il a dit que le juge le laissait en liberté.

MADAME : Comment peut-on sortir du Palais de Justice à minuit ? Les juges travaillent si tard ?

CLAIRE : Quelquefois beaucoup plus tard.

MADAME : Beaucoup plus tard ? Mais, comment le sais-tu ?

CLAIRE : Je lis *Détective*. Je suis au courant.

MADAME, *étonnée* : Ah oui ? Tiens, comme c'est curieux. Tu es vraiment une drôle de fille, Claire.

> *Elle regarde son bracelet-montre.*

Elle pourrait se dépêcher.

> *Un long silence.*

Tu n'oublieras pas de faire recoudre la doublure de mon manteau.

CLAIRE : Je le porterai demain au fourreur.

> *Long silence.*

MADAME : Et les comptes sont prêts ? Les comptes de la journée. Montre-les-moi. J'ai le temps.

CLAIRE : C'est Solange qui s'en occupe.

MADAME : C'est juste. D'ailleurs, j'ai la tête à l'envers, je les verrai demain.

> *Regardant Claire.*

Approche un peu ! Approche ! Mais... tu es fardée ! *(Riant.)* Mais Claire, mais tu te fardes !

CLAIRE, *très gênée* : Madame...

MADAME : Ah ! ne mens pas ! D'ailleurs tu as raison. Vis, ma fille, vis. C'est en l'honneur de qui ? Hein ? Il y a un béguin par là ? Avoue.

CLAIRE : J'ai mis un peu de poudre...

MADAME : Ce n'est pas de la poudre, c'est du fard. Tu as raison. Tu es encore jeune. Embellis-toi, ma fille. Arrange-toi.

> *Elle lui met une fleur dans les cheveux. Elle regarde son bracelet-montre.*

Que fait-elle ? Il est minuit et elle ne revient pas !

CLAIRE : Les taxis sont rares. Elle a dû courir en chercher jusqu'à la station.

MADAME : Tu crois ? Je ne me rends pas compte du temps. Le bonheur m'affole. Monsieur téléphonant à une heure pareille ! Et qu'il est libre.

CLAIRE : Madame devrait s'asseoir. Je vais réchauffer le tilleul.

> *Elle va pour sortir.*

MADAME : Mais non, je n'ai pas soif. Cette nuit c'est du champagne que nous allons boire. Sois sûre que nous ne rentrerons pas.

CLAIRE : Vraiment un peu de tilleul...

MADAME, *riant* : Je suis déjà trop énervée. Vous ne nous attendrez pas surtout, Solange et toi. Montez vous coucher tout de suite.

> *Soudain elle voit le réveil.*

Mais... ce réveil, qu'est-ce qu'il fait là ? D'où vient-il ?

CLAIRE, *très gênée* : Le réveil ? C'est le réveil de la cuisine.

MADAME : Ça ? Je ne l'ai jamais vu.

CLAIRE, *elle prend le réveil* : Il était sur l'étagère. Il y est depuis toujours.

MADAME, *souriante* : Il est vrai que la cuisine m'est un peu étrangère. Vous y êtes chez vous. C'est votre domaine. Vous en êtes les souveraines. Je me demande pourquoi vous l'avez apporté ici ?

CLAIRE : C'est Solange, pour le ménage. Elle n'ose jamais se fier à la pendule.

MADAME : Comme c'est curieux.

Claire sort, emportant le réveil.

Comme c'est curieux.

Elle regarde son bracelet-montre.

Ce qu'elle peut aller doucement. On trouve des taxis à tous les coins de rue.

Elle s'assied à sa coiffeuse. Elle se regarde dans le miroir et se parle à soi-même.

Et toi, espèce de gourde, est-ce que tu seras assez belle pour le recevoir ? Pas de rides, non ? Car c'est une séparation qui aura duré mille ans ! Hein ? Regarde-moi. Joyeuse ? Paisible ? Idiote, idiote, voilà que je parle toute seule. Décidément le bonheur me chavire. Et Solange qui ne revient pas. Que de fleurs ! Ces filles m'adorent. Ces filles m'adorent, mais...

Elle regarde le bois de la coiffeuse et souffle pour en chasser la poudre.

... mais elles n'ont pas essuyé la coiffeuse. Leur service est un étonnant mélange de luxe et de crasse.

Pendant cette dernière phrase, Claire est entrée dans la chambre sur la pointe des pieds. Elle se tient silencieusement derrière Madame qui soudain l'aperçoit dans la glace.

Hein ? Je divague, Claire, je divague. Excuse-moi, j'ai passé une journée impossible.

CLAIRE : Madame n'est pas satisfaite du service ?

MADAME, *souriante* : Mais si, Claire. Heureuse. Aux anges.

CLAIRE : Madame se moque de nous.

MADAME, *riant* : Fiche-moi la paix. Après une journée pareille, j'ai le droit d'être un peu détraquée. D'abord cette histoire de lettres à la police... Je me demande qui a pu les envoyer. Tu n'as aucune idée, naturellement ?

CLAIRE : Madame **veut dire**...

MADAME : Je ne veux rien dire, je voudrais savoir. Toute la journée j'ai cherché, comme une aveugle. J'avais l'impression d'être la police fouillant les bosquets pour retrouver le cadavre d'une jeune fille[1].

CLAIRE : C'est fini. Monsieur est libre.

MADAME : Heureusement. N'empêche qu'il reste ces lettres. Que fait-elle ? Il y a une heure qu'elle est partie. Pourquoi ne m'avez-vous pas dit tout de suite que Monsieur avait téléphoné ? Il sera furieux.

CLAIRE : Nous avions si peur d'effrayer Madame, de lui donner un coup.

MADAME : C'est malin. Vous me détruisez doucement à l'aide de fleurs et de soins. Un beau jour je serai retrouvée morte sous les roses. Claire, que penses-tu de cette coiffure ? Elle te plaît ?

CLAIRE : Si j'osais...

MADAME : Hein ? Si tu osais ? Ose. J'ai confiance en toi. Cette coiffure ?

CLAIRE : Si je pouvais me permettre un conseil, Madame porterait ses cheveux plus flous, sur le front.

MADAME : Tu es sûre ?

CLAIRE : Cela adoucirait le visage de Madame.

MADAME : Comme ça ? Tu as raison. Mais tu es calée, Claire. Tu vois, j'ai toujours pensé que tu avais

beaucoup de goût et que tu valais mieux qu'une domestique.

CLAIRE : Je ne me plains pas.

MADAME : Non, non. Je sais. Mais enfin tu es d'une
nature plus fine que les autres. Je comprends que ce ne
soit pas très gai de vivre chez les autres. Heureusement
tu es avec ta sœur. Vous êtes en famille. Mais toi, avec
un peu de chance...

CLAIRE : Oh ! si j'avais voulu !

MADAME : J'en suis sûre ! *(Elle écoute.)* Écoute ! *(Elle
se lève.)* Écoute ! Une voiture ! C'est elle. Ah !

>   *Elle se regarde encore dans la glace.*

CLAIRE : Madame prendra un peu de tilleul à cause
du froid.

MADAME, *riant* : Tu veux me tuer avec ton tilleul, tes
fleurs, tes recommandations. Tu m'accables. Non. Je
ne me suis jamais senti aussi alerte. Oh ! Et versé dans
le service le plus rare, dans le service de gala ! Quelle
solennité ! Quelle élégance !

>   *Elle veut sortir, mais Claire se place entre elle et la
>   porte.*

CLAIRE, *d'une voix implorante* : Il faut que Madame
boive. Sinon...

>   *Entre Solange en coup de vent. Elle écarte sa sœur
>   et s'adresse à Madame.*

MADAME : Tout de même.

SOLANGE, *étonnée* : Ah ! Madame est là ! J'ai couru
loin. Personne ne voulait venir. À une heure pareille !

MADAME : La voiture ?

SOLANGE : Oui, Madame. En bas.

MADAME : Dépêchons-nous. Alors c'est entendu, vous montez vous coucher. Et demain, grasse matinée, Claire, viens fermer la porte derrière moi. Tu ne mettras pas la chaîne.

Elle sort, suivie de Claire. Solange reste seule. Rentre Claire. Les deux sœurs se regardent.

SOLANGE, *ironique* : Tu as vraiment très bien travaillé. Tu pouvais te moquer de moi.

CLAIRE : Laisse. Je me suis donné tant de mal pour retenir la phrase. Elle est sortie malgré moi.

SOLANGE : Elle n'a pas bu ?

Claire fait non de la tête.

Évidemment, il fallait s'y attendre.

CLAIRE : J'aurais voulu t'y voir.

Claire fait non de la tête. Elles restent un instant immobiles et Claire se dirige vers la cuisine.

SOLANGE : Où vas-tu ?

CLAIRE, *sans se retourner et d'un ton très las* : Dormir !

Elle sort.

SOLANGE : Claire ! *(Silence.)* Claire !

Elle va jusqu'à la porte et l'appelle.

Claire, je t'appelle.

CLAIRE, *dans la coulisse* : Et alors ?

SOLANGE, *parlant, tournée vers la porte de droite* : Viens ici. Tu m'écoutes ? Viens ici.

Rentre Claire dénouant son tablier.

CLAIRE, *très lasse* : Mais qu'est-ce que tu veux ? Est-

ce que j'y suis pour quelque chose ? Le tillol, comme
elle dit si bien, le tillol était prêt. J'ai versé le gardénal,
elle n'a pas voulu boire.

SOLANGE : Et tu crois que nous allons rester comme
ça dans l'angoisse.

Elle regarde fixement sa sœur.

Ils rentreront tous les deux demain, ivres peut-être,
méchants, vainqueurs. Ils sauront d'où venaient les lettres. Ils... Je la hais.

Claire hausse les épaules.

Oh je la hais ! Je l'exècre. Et toi tu restes calme ! Tu
n'as donc pas vu comme elle étincelait ? Son bonheur
atroce ? Toute sa joie faite de notre honte. Son œillet
c'est le rouge de notre honte. Sa robe...

Elle donne un coup de pied dans la robe de velours.

... c'est le rouge de notre honte. Ses fourrures... Ah !
elle a repris ses fourrures ! Et tu ne bouges pas. Tu ne
hurles pas. Tu es morte ?

CLAIRE : Que veux-tu que je fasse ? Elle nous
échappe. Tu es rentrée trop tôt.

SOLANGE : Elle nous échappe et tu restes calme !

CLAIRE : Qu'espères-tu ? Une scène ? Hein ? Solange !

Elle crie dans le visage de Solange immobile.

Tu veux une scène ? Réponds. Réponds. Mais réponds ! Nous avons le temps. Nous avons toute la
nuit.

SOLANGE, *d'un ton très calme* : Dépêchons-nous.

CLAIRE : Pourquoi se dépêcher. Au contraire nous la
ferons au ralenti. Tu veux ?

Elle dénoue son tablier

SOLANGE : Garde le tablier. C'est ton tour.

CLAIRE : Non, ça ne fait rien.

SOLANGE : C'est mon tour d'être Madame..

CLAIRE : Prends le tablier.

SOLANGE : Mais Claire...

CLAIRE, *simplement* : J'ai l'habitude. Tiens

Elle tend très délicatement le tablier à Solange

Tu me trouves tellement fardée ?

SOLANGE : Fardée ? Il te reste du rouge, oui. . Mais tu n'es pas fardée. Tu es maquillée.

CLAIRE : Elle m'a dit.

SOLANGE : C'est fini.

Elle empoigne le tablier.

Obligée de porter ça ! Mais je veux être une vraie bonne.

Elle noue les cordons derrière son dos.

Éteins le lustre.

CLAIRE, *timidement* : Tu... tu ne voudrais pas qu'on... qu'on s'organise dans le noir ?

SOLANGE : Fais ce que je te dis.

Elle éteint. La chambre est dans une demi-obscurité. Les deux sœurs, immobiles, se regardent et parlent.

CLAIRE : Oh ! Attends un peu, Solange. Si elle rentrait. Madame peut avoir oublié quelque chose. Dans des cas pareils, on oublie toujours... Son sac, son argent...

SOLANGE : Naïve !

CLAIRE, *murmurant* : Elle est partie très vite. C'est un guet-apens. Madame soupçonne quelque chose.

SOLANGE, *haussant les épaules* : Quoi ? Précise.

CLAIRE : Elle a des doutes. On nous surveille...

SOLANGE : Et après ? Nous sommes au-dessus de cela.

CLAIRE, *elle veut gagner du temps* : Tu ne m'écoutes pas, Solange. Je t'assure que je sens, je sens, tu entends — qu'on nous épie. Je suis sûre qu'elle va rentrer à l'improviste. Elle aura oublié son mouchoir. Ou ses gants.

> *Solange hausse les épaules.*

Ou son poudrier, je ne sais pas. Mais il y a sûrement ici quelque chose — un objet[1], Solange ! — qui peut enregistrer nos grimaces et les redire. Songe que Madame a exigé qu'on ne mette pas la chaîne à la porte d'entrée...

SOLANGE : Tu divagues.

CLAIRE : Oh, non ! Non ! Je t'en prie, hésite, c'est si grave. Si elle rentre...

SOLANGE : Tant pis pour elle !

CLAIRE : Tu deviens terrible, Solange. Tu as réponse à tout. Au moins...

SOLANGE : Quoi ?

CLAIRE, *timidement* : Au moins... si on faisait une prière ?

SOLANGE : Tu oserais mêler Dieu...

CLAIRE : Mais à la...

SOLANGE : Mêler la mère de Dieu à cette cérémonie ? Vraiment ton toupet va plus loin que je ne pensais. Tu manques même de pudeur.

CLAIRE : Parle plus doucement, Solange, les murs sont fragiles.

SOLANGE, *plus bas* : Tu deviens folle, Claire. C'est Dieu qui nous écoute. Nous, nous savons que c'est pour lui que va être représenté le dernier drame, mais nous ne devons pas l'avertir. Nous jouerons à corps perdu.

CLAIRE : Plus bas.

SOLANGE : Les murs, ce sont ses oreilles.

CLAIRE : Alors je mettrai la robe blanche.

SOLANGE : Si tu veux. Ça n'a pas d'importance. Mais dépêche-toi. Passons sur les formalités du début. Pas de préambule. Il y a longtemps que nous avons rendu inutiles les mensonges, les hésitations qui conduisent à la métamorphose. Presse-toi. Presse-toi. Je n'en peux plus des hontes et des humiliations. Le monde peut nous écouter, sourire, hausser les épaules, me traiter de folle et d'envieuse, je frémis, je frissonne de plaisir. Claire, je vais hennir de joie !

> *Pendant ce temps, Claire a décroché la robe blanche et, cachée par un paravent, elle l'a revêtue par-dessus sa robe noire dont les manches apparaissent.*

CLAIRE, *apparaissant, toute blanche, d'une voix impérieuse* : En route.

SOLANGE, *extasiée* : Vous êtes belle !

CLAIRE : Passons. Passons le prélude, tu l'as dit. Commence les insultes.

SOLANGE : Je ne pourrai jamais. Vous m'éblouissez.

CLAIRE : J'ai dit les insultes ! Qu'elles viennent, qu'elles déferlent, qu'elles me noient, car, vous ne l'ignorez pas, je hais les domestiques. J'en hais l'espèce odieuse et vile. Les domestiques n'appartiennent pas à l'humanité. Ils coulent. Ils sont une exhalaison qui traîne dans nos chambres, dans nos corridors, qui nous pénètre, nous entre par la bouche, qui nous corrompt. Moi, je vous vomis !

SOLANGE : Continuez.

Silence, Claire tousse.

Continuez. Je monte. Je monte.

CLAIRE : Je sais qu'il en faut, comme il faut des fossoyeurs, des vidangeurs, des policiers. N'empêche que tout ce beau monde est fétide.

SOLANGE : Continuez. Continuez.

CLAIRE : Vos gueules d'épouvante et de remords, vos coudes plissés, vos corsages démodés, vos corps détruits pour porter nos défroques ! Vous êtes nos miroirs déformants, notre soupape affreuse, notre honte, notre lie !

SOLANGE : Continuez. Continuez.

CLAIRE : Presse-toi, je t'en prie. Je suis au bord. Vous êtes... Vous êtes... Mon Dieu, je ne trouve plus, je suis vide. Je suis à court d'insultes. Claire, vous m'épuisez.

SOLANGE : Halte. Je suis au niveau. À mon tour : Madame avait pour elle son chant de tourterelle, ses amants, son laitier...

CLAIRE : Solange...

SOLANGE : Silence ! Son laitier matinal, son messager de l'aube, son tocsin délicieux, son maître pâle et charmant, c'est fini.

Elle décroche une cravache.

En place pour le bal.

CLAIRE : Qu'est-ce que tu fais ?

SOLANGE, *solennelle* : J'en interromps le cours. À genoux !

CLAIRE : Solange...

SOLANGE, *implacable* : À genoux.

                              Claire hésite et s'agenouille.

Ah ! Ah ! Vous étiez belle, vous tordiez si bien vos
précieux bras, vos larmes, vos pétales coulaient si
lourds sur votre beau visage. Ah ! Ah ! Couchez !

                              Claire ne bouge pas.

Couchez !

                              Solange la frappe.

Couchez-vous !

                              Claire se couche.

Ah ! vous m'amusez, ma chère. Rampez ! Rampez
vous dis-je, hideusement ! C'est vous qui espériez suivre le sillage des bateaux, traverser la mer pour soutenir votre bel exilé ! Regardez-vous encore ! Ce rôle est
réservé aux filles les plus belles. Les gardiens se mo-
queraient. On vous montrerait du doigt. Votre amant
pâlirait de honte ! Et la force ? La force pour porter son
sac ? L'agilité ? Madame, l'agilité du mollet ? Rassurez-
vous, je ne suis pas jalouse. Ce voleur me semble inutile au but que je poursuis. Inutile, Madame. Je suis à
la fois le voleur et son ombre soumise. Je vais seule
aborder les plus clairs rivages.

CLAIRE : Tu me prives de lui !

SOLANGE : Je ne vous suffis pas ?

CLAIRE : Solange, je t'en prie, je sombre.

SOLANGE : Sombrez ! Mais remontez à la surface. Je
sais à quoi je suis enfin destinée. Me voici à l'abri : j'ai
mes magnificences !

                              Elle respire.

Debout ! Je t'épouse debout ! Ah ! Ah ! se rouler aux pieds d'un homme sur des tapis, un geste désespéré, facile, le tout est de finir en beauté. Comment vas-tu t'y prendre pour te relever[1] ?

CLAIRE, *se relevant lentement et maladroitement* : Vous me tuez.

SOLANGE, *ironique* : Prends tes précautions, surveille tes mouvements.

CLAIRE, *debout* : Nous n'avons plus pied, il faut rentrer. J'ai la gorge.

SOLANGE, *marchant sur elle* : Madame a une très belle gorge. Une gorge de reine.

> *Claire recule jusqu'à la porte de la cuisine.*

Et de colombe. Venez, ma tourterelle !

CLAIRE, *elle recule encore, portant les mains à son cou comme pour le protéger* : Il est tard.

SOLANGE : Jamais trop tard.

CLAIRE : Madame…

SOLANGE : … boit le champagne avec Monsieur qui revient de loin.

CLAIRE, *implorant* : Elle va venir. Lâche-moi.

SOLANGE : Sois sans inquiétude. Elle valse ! Elle valse ! Elle sable, elle sable du bon vin ! Elle est heureuse !

CLAIRE : Sortons d'ici, Solange, je t'assure que nous sommes en danger.

SOLANGE : Passez dans la sacristie.

> *Elle montre la porte de la cuisine.*

Entrez. C'est sur le linoléum qu'il faudra finir.

CLAIRE, *elle crie sourdement* : Au secours !

SOLANGE : N'appelez pas ! inutile. La mort est présente et vous guette. N'appelez pas ! moi qui t'ai conservée comme on conserve des petits chats pour la noyade, moi, moi encore, qui garnissais mon ventre d'épingles pour crever tant de fœtus que j'ai jetés dans les caniveaux ! Et pour vous garder, pour vous conserver vivante !

CLAIRE, *courant dans la chambre* : Solange, Solange, reviens à toi.

SOLANGE, *courant après elle* : À toi !

CLAIRE, *d'une voix sourde* : Au secours !

SOLANGE : N'appelle pas. Personne ne pourrait t'entendre. Nous restons toutes les deux de l'autre côté.

CLAIRE : Solange...

SOLANGE : Tout le monde écoute, mais personne n'entendra.

CLAIRE : Je suis malade...

SOLANGE : On te soignera là-bas.

CLAIRE : Je suis malade... je... je vais vomir...

Elle semble avoir des nausées

SOLANGE, *elle s'approche et avec compassion* : Vraiment ? Tu es très mal ? Claire, tu es vraiment très mal ?

CLAIRE : Je suis au bord...

SOLANGE : Pas ici, Claire, retiens-toi.

Elle la soutient.

Pas ici, je t'en prie. Viens. Appuie-toi sur moi. Là. Marche doucement. Nous serons mieux là-bas, dans notre domaine fleuri. J'ai des ressources tellement sûres pour abolir toutes les douleurs.

Elles sortent par la porte de la cuisine. La scène reste vide quelques secondes. Un coup de vent ouvre la fenêtre mal fermée. Entre Solange, à droite, vêtue de sa petite robe noire. Pendant toute la scène, elle paraîtra s'adresser à des personnages imaginaires, mais présents.

SOLANGE : Madame... Enfin ! Madame est morte !... étendue sur le linoléum... étranglée par les gants de la vaisselle. Quoi ? Oh, Madame peut rester assise... Madame peut m'appeler Mademoiselle Solange... Justement. C'est à cause de ce que j'ai fait. Madame et Monsieur m'appelleront Mademoiselle Solange Lemercier... Madame aurait dû enlever cette robe noire. C'est grotesque.

Elle imite la voix de Madame.

M'en voici réduite à porter le deuil de ma bonne. À la sortie du cimetière tous les domestiques du quartier défilaient devant moi comme si j'avais été la famille. J'ai si souvent fait partie de la famille. La morte aura poussé jusqu'au bout la plaisanterie... Quoi ? Oh ! Madame peut éviter de me plaindre. Je suis l'égale de Madame et je marche la tête haute... Oh ! et Monsieur ne sait pas tout. Il ne sait pas qu'il obéissait à nos ordres.

Elle rit.

Ah ! Ah ! Monsieur était un tout petit garçon. Monsieur filait droit, sous nos menaces... Non, Monsieur l'Inspecteur, non... Vous ne saurez rien de mon travail. Rien de notre travail en commun. Rien de notre collaboration à ce meurtre... Les robes ? Oh, Madame pouvait les garder. Ma sœur et moi nous avions les nôtres. Celles que nous mettions la nuit, en cachette. Maintenant, j'ai ma robe, et je suis votre égale. Je porte la toilette rouge des criminelles. Je fais rire Monsieur ?

Je fais sourire Monsieur. Monsieur me croit folle. Il pense que les bonnes doivent avoir assez de bon goût pour ne pas accomplir de gestes réservés à Madame !... Vraiment, Monsieur me pardonne ? Monsieur est la bonté même. Il veut lutter de grandeur avec moi. Mais j'ai conquis la plus sauvage... Madame s'aperçoit de ma solitude ! Enfin ! Maintenant je suis seule. Effrayante. Je pourrais vous parler avec cruauté, mais je peux être bonne... Madame se remettra de sa peur. Elle s'en remettra très bien. Parmi ses fleurs, ses parfums, ses robes, ses bijoux, ses amants. Moi, j'ai ma sœur... Oui. J'ose en parler. J'ose, Madame. Je peux tout oser. Et qui, qui pourrait me faire taire ? Qui aurait le courage de me dire : « Ma fille » ? J'ai servi. C'est bien. J'ai eu les gestes qu'il faut pour servir. J'ai souri à Madame. Je me suis penchée pour faire le lit, penchée pour laver le carreau, penchée pour éplucher les légumes, pour écouter aux portes, coller mon œil aux serrures ! Mais maintenant je reste droite. Et solide. Je suis l'étrangleuse. Mademoiselle Solange, celle qui étrangla sa sœur !... Me taire ? Madame est délicate, vraiment. Mais j'ai pitié de Madame. J'ai pitié de la blancheur de Madame, de sa peau satinée, de ses petites oreilles, de ses petits poignets... Hein ? Je suis la poule noire... Oh ! Oh ! J'ai mes juges. J'appartiens à la police. Claire ? Elle aimait vraiment beaucoup Madame !... Encore vos robes ! Et précisément CETTE robe blanche, que je lui ai interdit de mettre, celle que vous portiez le soir du bal de l'Opéra, le soir que vous vous êtes moquée d'elle, parce qu'elle admirait dans la cuisine une photo de Gary Cooper... Madame se souviendra. Madame se rappellera la douceur de son ironie, sa grâce maternelle pour nous prendre le magazine, et sourire. Madame n'oubliera pas non plus qu'elle l'appelait Clarinette. Cela faisait rire Monsieur aux larmes... Hein ? Qui je suis ? La conscience monstrueuse de la domesticité !... Non, Monsieur l'Inspecteur, je n'expliquerai rien devant eux. Ces choses-là ne regardent que nous. Ce serait trop beau si les maîtres pouvaient déchirer les ténèbres où vivent les domestiques[1]... Cela, ma petite, c'est notre nuit, à nous.

> *Elle allume une cigarette et fume d'une façon maladroite. La fumée la fait tousser.*

Ni vous ni personne ne saurez rien. Dites-vous seulement que cette fois Solange est allée jusqu'au bout... Vous la voyez vêtue de rouge. Elle va sortir.

> *Solange se dirige vers la fenêtre, l'ouvre et monte sur le balcon. Elle dira, le dos au public, face à la nuit, la tirade qui suit. Un vent léger fait bouger les rideaux.*

Sortir. Descendre le grand escalier. La police l'accompagne. Mettez-vous au balcon pour la voir marcher entre les pénitents noirs. Il est midi. Elle porte alors une torche de neuf livres. Le bourreau la suit de près. À l'oreille il lui chuchote des mots d'amour. Le bourreau m'accompagne. Claire ! Le bourreau m'accompagne ! Mais laissez ma taille, voyons ! Il veut m'embrasser ! Laissez-moi ! Ah ! Ah !

> *Elle rit.*

Le bourreau s'amuse. Elle sera conduite en cortège par toutes les bonnes du quartier, par tous les domestiques qui ont accompagné Claire à sa dernière demeure.

On porte des couronnes, des fleurs, des oriflammes, des banderoles, on sonne le glas. L'enterrement déroule sa pompe. Il est beau, n'est-ce pas ? Viennent d'abord les maîtres d'hôtel, en frac, sans revers de soie. Ils portent leurs couronnes. Viennent ensuite les valets de pied, les laquais en culotte courte et bas blancs. Ils portent leurs couronnes. Viennent ensuite les valets de chambre, puis les femmes de chambre portant nos couleurs. Viennent les concierges, viennent encore les délégations du ciel. Et je les conduis. Le bourreau me berce. On m'acclame. Je suis pâle et je vais mourir...

> *Elle rentre.*

Que de fleurs ! On lui a fait un bel enterrement, n'est-ce pas ? Oh ! Claire, ma pauvre petite Claire !

> *Elle éclate en sanglots et s'effondre dans un fauteuil.*

Quoi ?

> *Elle se relève.*

Inutile, Madame, j'obéis à la police. Elle seule me comprend. Elle aussi appartient au monde des réprouvés, au monde qu'on ne touche qu'avec des pincettes.

> *Accoudée au chambranle de la porte de la cuisine depuis un moment, Claire, visible seulement du public, écoute sa sœur.*

Maintenant nous sommes Mademoiselle Solange Lemercier, la femme Lemercier, la Lemercier. La fameuse criminelle[1]. Et surtout que Monsieur se tranquillise. Je ne suis pas une bonne. J'ai l'âme noble...

> *Elle hausse les épaules.*

Non, non, pas un mot de plus, cher ami. Ah ! Madame n'oublie pas ce que j'ai fait pour elle... Non, non, qu'elle n'oublie pas mon dévouement...

> *Pendant ce temps, par la porte de gauche, entre Claire, vêtue de la robe blanche.*

Et Madame continue malgré ma défense ses promenades dans les appartements. Il faudrait qu'elle consente à s'asseoir... à m'écouter...

> *À Claire.*

Claire... nous divaguons !

CLAIRE, *dolente, voix de Madame* : Vous parlez beaucoup trop, ma bonne. Beaucoup trop. Fermez la fenêtre.

> *Solange ferme la fenêtre.*

Tirez les rideaux. Bien, Claire !

SOLANGE : Il est tard. Tout le monde est couché... Nous jouons un jeu idiot.

CLAIRE, *elle fait de la main le geste du silence* : Claire, vous me verserez du tillol.

SOLANGE : Mais...

CLAIRE : Je dis le tilleul.

SOLANGE : Nous sommes mortes de fatigue. Il faut cesser.

> *Elle s'assied dans un fauteuil.*

CLAIRE : Ah mais non ! Vous croyez, ma bonne, vous en tirer à bon compte. Il serait trop facile de comploter avec le vent, de faire de la nuit sa complice. Solange, tu me garderas en toi. Fais bien attention.

SOLANGE : Claire...

CLAIRE : Sois docile. Je vais t'aider. J'ai décidé de faire le premier pas. Ton rôle consiste à m'empêcher de reculer, rien de plus.

SOLANGE : Qu'est-ce que tu veux encore ? Nous sommes au bout...

CLAIRE : Nous sommes tout au bord.

SOLANGE : Ils vont venir...

CLAIRE : Ne parle plus d'eux. Nous sommes seules au monde. Plus rien n'existe que cet autel où l'une des deux bonnes va s'immoler...

SOLANGE : Mais...

CLAIRE : Tais-toi. Tu seras seule pour assurer nos deux existences. Il te faudra beaucoup de force. Au bagne personne ne saura que je t'accompagne en cachette. En douce, Solange.

SOLANGE : Je ne pourrai jamais...

CLAIRE : Je t'en prie, redresse-toi. Droite, Solange ! Claire ! Ma chérie, tiens-toi debout. Droite. Raidis-toi.

SOLANGE : Tu m'accables.

CLAIRE : Une hampe ! Un étendard ! Claire, debout ! Je te somme de me représenter...

SOLANGE : J'ai trop travaillé. Ce labeur m'exténue.

CLAIRE : ... de me représenter dans le monde.

Elle essaye de soulever sa sœur et de la tenir debout.

Ma chérie, reste droite.

SOLANGE : Je t'en supplie.

CLAIRE, *autoritaire* : Je t'en supplie, reste droite. Solennelle, Claire ! Plus belle, oh ! plus belle ! Claire, debout ! Fais la belle !

Elle la tient par les poignets et la soulève du fauteuil.

CLAIRE : Fais la belle ! Hop ! Hop ! Hop là !

SOLANGE : Tu ne te rends pas compte du danger...

CLAIRE : Mais Solange tu es immortelle ! Répète avec moi...

SOLANGE : Parle. Mais tout bas.

CLAIRE, *mécanique* : Madame devra prendre son tilleul.

SOLANGE, *dure* : Non. Je ne veux pas.

CLAIRE, *la tenant par les poignets* : Garce ! Répète. Madame devra prendre son tilleul.

SOLANGE : Je viens de fournir un effort considérable...

CLAIRE, *plus dure* : Madame prendra son tilleul...

SOLANGE : Madame prendra son tilleul..

CLAIRE : Car il faut qu'elle dorme...

SOLANGE : Car il faut qu'elle dorme...

CLAIRE : Et que je veille.

SOLANGE : Et que je veille.

CLAIRE, *elle se couche sur le lit de Madame* : Ne m'interromps plus. Je répète. Tu m'écoutes ? Tu m'obéis ?

Solange fait avec la tête le signe oui.

Je répète : Mon tilleul !

SOLANGE, *hésitant* : Mais...

CLAIRE : Je dis : mon tilleul.

SOLANGE : Mais, Madame.

CLAIRE : Bien. Continue.

SOLANGE : Mais, Madame, il est froid.

CLAIRE : Je le boirai quand même. Donne.

Solange apporte le plateau.

Et tu l'as versé dans le service le plus riche, le plus précieux.

Elle prend la tasse et boit, cependant que Solange, face au public, dit la fin de la tirade.

SOLANGE : L'orchestre joue brillamment. Le portier soulève le rideau de velours rouge. Il s'incline. Madame descend l'escalier. Sa cape de fourrure frôle les plantes vertes. Madame monte en voiture. À l'oreille, Monsieur lui chuchote des mots d'amour. Elle voudrait sourire, mais elle est morte. Elle sonne. Le concierge bâille. Il tire le cordon. Madame monte l'escalier. Elle entre chez elle : or, Madame est morte. Ses deux bonnes sont vivantes · elles viennent de surgir, délivrées de la forme glacée de Madame. Auprès d'elles toutes les bonnes furent présentes — non elles-mêmes, mais plutôt l'angoisse infernale de leurs noms. Sauf qu'il ne reste d'elles, pour flotter autour du cadavre léger de Madame, que le délicat parfum des saintes filles qu'elles furent en secret. Nous sommes belles, libres, ivres et joyeuses[1] !

RIDEAU

DOSSIER

CHRONOLOGIE
(1910-1986)[1]

1910. *19 décembre*. Naissance de Jean Genet à Paris, de Camille Gabrielle Genet et de père inconnu.

1911. *28 juillet*. Camille Genet abandonne son fils à l'hospice des Enfants assistés ; il devient pupille de l'Assistance publique.
30 juillet. Le pupille est mis en nourrice chez Eugenie et Charles Régnier, petits artisans du village d'Alligny-en-Morvan. Il y est baptisé le 10 septembre et recevra une éducation catholique.

1916. *Septembre*. Jean Genet entre à l'école communale.

1919. *24 février*. Mort à Paris, de grippe espagnole, de Camille Genet âgée de trente ans.

1923. *30 juin*. Reçu premier de la commune au certificat d'études primaires, Genet achève là ses études.

1924. *17 octobre*. Grâce à ses bons résultats scolaires, Genet échappe au statut de valet de ferme et est mis en apprentissage pour devenir typographe à l'École d'Alembert. Il s'en évade quinze jours après son arrivée à Paris. Retrouvé à Nice, il est ramené à l'hospice des Enfants assistés.

1925. *Avril*. Placé chez le compositeur aveugle René de

1. Cette chronologie est inspirée largement de celle qui a été établie par Albert Dichy (pour la biographie de Jean Genet par Edmund White, voir la Bibliographie, p. 201). Qu'il trouve ici l'expression de ma gratitude.

Buxeuil, il détourne une petite somme. Il est renvoyé
et mis en observation à Sainte-Anne dans un service
de psychiatrie infantile

1926. *Février-juillet.* Fugues répétées, arrestations et empri-
sonnements.

2 septembre. Il est confié par le tribunal à la colonie
agricole pénitentiaire de Mettray jusqu'à sa majorité ;
il va y demeurer deux ans et demi.

1929. *1er mars.* Il devance l'appel sous les drapeaux et s'en-
gage pour deux ans. Au mois d'octobre, il obtient le
grade de caporal, qu'il gardera tout le long des six ans
de sa carrière militaire.

1930-1936. Il est envoyé en Syrie (ce sera son premier contact
avec le monde arabe auquel il restera attaché toute sa
vie), au Maroc ou reste en garnison en France.

1936. *Juillet-décembre.* Après sa désertion de l'armée, pour
échapper aux poursuites, il entame à partir de Nice un
long périple d'un an qui le mène en Italie, en Albanie,
en Yougoslavie et en Autriche. Refoulé de ces différents pays, il se réfugie à Brno, en Tchécoslovaquie.

1937. *Janvier-mai.* Il demande le droit d'asile ; il fait la connaissance d'Ann Bloch à qui il donne des leçons de
français et avec qui il entretiendra une correspondance
amoureuse.

16 septembre. De retour à Paris, il vole des mouchoirs
dans un grand magasin, est condamné à un mois de
prison avec sursis.

1938-1941. Il s'ensuivra une série de vols (d'étoffes, de livres)
qui entraîneront des condamnations à des peines de
prison allant de quinze jours à dix mois.

1942. *Mars.* Il tient une caisse de bouquiniste sur les quais,
alimentée par ses vols de livres ; il poursuit la rédaction de *Notre-Dame-des-Fleurs,* entamée en prison au
début de l'année, ainsi que celle de la première version
de *Haute surveillance.*

14 avril. À nouveau arrêté pour vol de livres, il compose à Fresnes le poème « Le condamné à mort »,

qu'il fait imprimer à ses frais. La rédaction de *Notre-Dame-des-Fleurs* est achevée à la fin de l'année.

1943. *15 février.* Il est présenté à Jean Cocteau qui a lu avec admiration « Le condamné à mort » et qui entreprend de trouver un éditeur pour *Notre-Dame-des-Fleurs.*

1ᵉʳ mars. Signature du premier contrat d'auteur avec Paul Morihien, secrétaire de Cocteau, pour trois romans, un poème et cinq pièces de théâtre.

29 mai. Nouvelle arrestation pour vol d'une édition de luxe de Verlaine. Il est passible de la « relégation perpétuelle » pour « vol en récidive ». Cocteau confie sa défense à un grand avocat. Examiné par un psychiatre, Genet est déclaré « débile de la volonté et du sens moral ».

19 juillet. Grâce à Cocteau, il échappe à la réclusion à perpétuité et est condamné à trois mois de prison. À la Santé, il rédige *Miracle de la rose.*

Décembre. À nouveau arrêté, Genet risque la déportation.

1944. *14 mars.* Grâce à de nombreuses interventions, il est enfin libéré ; il ne retournera plus en prison.

Avril. Parution dans la revue *L'Arbalète* de Marc Barbezat d'un fragment de *Notre-Dame-des-Fleurs.* Il fait la connaissance, début mai, de Jean-Paul Sartre.

19 août. Mort sur les barricades, lors de la libération de Paris, de Jean Decarnin, jeune résistant communiste, compagnon de Jean Genet.

1945. *Mars.* Publication d'un recueil de poèmes, *Chants secrets,* aux Éditions de L'Arbalète.

1946. *Mars. Miracle de la rose* est publié aux Éditions de L'Arbalète. Réécriture d'une pièce ancienne, *Haute surveillance.* Il écrit *Les Bonnes.*

Juillet-août. Publication dans *Les Temps modernes* d'extraits de *Journal du voleur.* À Marseille, Genet rencontre Jouvet et lui soumet une version des *Bonnes.* Jouvet accepte de monter la pièce, après remaniements.

1947. *Mars.* Publication dans la revue *La Nef* de *Haute surveillance.*

19 avril. Création des *Bonnes* au Théâtre de l'Athénée (mise en scène de Louis Jouvet). La première version (non corrigée par Jouvet) est publiée en mai dans la revue *L'Arbalète*. Le prix de la Pléiade est décerné à Genet en juillet.

Novembre-décembre. Publication clandestine de *Pompes funèbres* dédié à la mémoire de Jean Decarnin et de *Querelle de Brest*.

1948. *31 mai.* Les ballets Roland Petit créent au Théâtre Marigny *'Adame Miroir* dans des décors de Paul Delvaux, des costumes de Leonor Fini et une musique de Darius Milhaud.

Juillet. Une pétition est lancée à l'initiative de Cocteau et de Sartre pour obtenir la grâce définitive de Genet, encore passible de dix mois de prison.

Août. Publication des *Poèmes* aux Éditions de L'Arbalète. Rédaction du texte radiophonique *L'Enfant criminel* (interdit de diffusion) et de *Splendid's*, pièce qu'il renonce à faire jouer et à éditer. Publication clandestine à Genève de *Journal du voleur*.

1949. *26 février.* Création au Théâtre des Mathurins, dirigé par Jean Marchat, de *Haute surveillance*. La pièce est publiée au mois de mars par Gallimard. Publication de *'Adame Miroir*, de *L'Enfant criminel* et de *Journal du voleur*.

12 août. Le président Vincent Auriol accorde à Genet sa grâce définitive.

1950. *Avril-juin.* Tournage d'*Un chant d'amour*, seul film que Genet ait entièrement réalisé.

1951. *Février.* Début de la publication des *Œuvres complètes* de Genet chez Gallimard. Le premier volume, constitué du texte de Sartre, *Saint Genet, comédien et martyr*, ne paraîtra que l'année suivante.

Octobre. Rédaction du scénario *Les Rêves interdits*.

1952. *Mai.* Rédaction du scénario du *Bagne*.

Août. Crise morale après la publication de l'essai de Sartre. Nombreux voyages en Europe et en Afrique du Nord.

1953. *Janvier*. Publication du troisième volume de ses *Œuvres complètes* chez Gallimard.

1954. *Janvier*. Première reprise des *Bonnes* (dans la première version éditée en mai 1947 et non corrigée par Jouvet) au Théâtre de la Huchette par Tania Balachova. Publication des deux versions chez Jean-Jacques Pauvert avec une préface de l'auteur.

1955. Après six ans de silence, nouvelle période d'intense créativité. Il rédige en même temps *Le Balcon*, *Les Nègres* et *Les Paravents*. En novembre, il rédige « *Elle* » et ébauche *Les Paravents*. Il fait la rencontre d'Abdallah, jeune acrobate.

1956. *Juin*. Publication aux Éditions de L'Arbalète du *Balcon* avec une lithographie d'Alberto Giacometti.

1957. *Mars*. Rédaction du *Funambule*, dédié à Abdallah et publié dans la revue *Preuves*.
Avril. Rédaction de *L'Atelier d'Alberto Giacometti*. Il se rend à Londres pour assister à la première du *Balcon* (mise en scène de Peter Zadek). Il essaie d'interdire la représentation.

1958. *Janvier*. Publication des *Nègres* aux Éditions de L'Arbalète. Nombreux voyages.
Juin. Achèvement de la première version des *Paravents*.

1959. Genet travaille à la rédaction du *Bagne*, qui doit constituer le second volet du « cycle théâtral » dont il rêve et qu'il n'achèvera pas.
15 octobre. Création par Roger Blin des *Nègres* au Théâtre de Lutèce. Genet récrit *Les Paravents* en Grèce.

1960. *18 mai*. Après Londres, Berlin et New York, *Le Balcon* est créé en France au Théâtre du Gymnase dans une mise en scène de Peter Brook.

1961. *Février*. Publication des *Paravents* aux Éditions de L'Arbalète, dernière œuvre publiée de son vivant par Genet ; la pièce est créée le 19 mai à Berlin dans une mise en scène de Hans Lietzau.
Octobre. Jean-Marie Serreau monte *Les Bonnes* à l'Odéon.

1962. Nouvelle version du *Balcon* aux Éditions de L'Arbalète, précédée de « Comment jouer *Le Balcon* ».

1963. *Septembre*. Publication aux États-Unis de *Notre-Dame-des-Fleurs* et de *Saint Genet, Actor and Martyr*.

1964. *12 mars*. Suicide d'Abdallah. En août, Genet déclare renoncer à la littérature et rédige un testament.

1965. *Novembre*. Le Département d'État des États-Unis lui refuse un visa de séjour pour « déviation sexuelle ».

1966. *16 avril*. Création des *Paravents* à l'Odéon-Théâtre de France dans une mise en scène de Roger Blin.
12 mai. Projection au Festival de Cannes de *Mademoiselle*, film tiré par Tony Richardson du scénario *Rêves interdits*.

1967. *Avril*. Parution de « L'Étrange mot d' » dans la revue *Tel Quel*. À la fin de l'année, départ pour l'Extrême-Orient.

1968. *30 mai*. Il publie dans *Le Nouvel Observateur* son premier article politique, « Les maîtresses de Lénine ».
24-28 août. Il participe à Chicago aux manifestations contre la guerre du Viêt-Nam.

1970. Il participe à de nombreuses manifestations pour la défense des immigrés. Nouveau séjour aux États-Unis à l'invitation des Black Panthers ; il prononce de nombreuses conférences. En juillet, il préface le recueil des lettres de prison de George Jackson, *Les Frères de Soledad*. Il intervient en faveur d'Angela Davis. Le 20 octobre, il accepte une invitation des Palestiniens. Il restera au Moyen-Orient plusieurs mois et y fera quatre séjours en deux ans.

1971. *Novembre-décembre*. Il participe aux actions de Michel Foucault et de Gilles Deleuze en faveur des prisonniers et des travailleurs arabes.

1972. Il rédige un long article, « Les Palestiniens », et poursuit la rédaction de notes sur les Palestiniens et les Panthères noires (qui aboutiront, quatorze ans plus tard, à l'ouvrage *Un captif amoureux*).

1974. *Mai*. Il participe aux débats politiques et soutient dans *L'Humanité* François Mitterrand, candidat aux élections présidentielles.
Septembre. Jacques Derrida consacre un livre à Genet, *Glas*.

1976. Il entreprend la rédaction d'un scénario de film, *La Nuit venue*. Deuxième édition des *Paravents* aux Éditions de L'Arbalète.

1977. *2 septembre.* Publication dans *Le Monde* de « Violence et brutalité », où il justifie l'action de la « Fraction armée rouge », article qui suscite une vive polémique.

1979. *Mai.* Il entreprend un traitement de chimiothérapie pour enrayer un cancer de la gorge.

1981. Il commence à rédiger un nouveau scénario de film, *Le Langage de la muraille*, évoquant la colonie de Mettray.

1982. *25 janvier.* Entretien filmé avec Bertrand Poirot-Delpech. Il s'installe progressivement au Maroc, qui deviendra son principal lieu de résidence.
11 septembre. Il retourne au Moyen-Orient et est l'un des premiers témoins des massacres des camps de Sabra et Chatila. Il écrit alors « Quatre heures à Chatila », publié en janvier 1983 dans la *Revue d'études palestiniennes*.
Décembre. Rainer Werner Fassbinder présente le film *Querelle*, tiré du roman de Genet, au festival de Venise.

1983. *Juin-juillet.* Début de la rédaction d'*Un captif amoureux*. Patrice Chéreau monte au Théâtre des Amandiers *Les Paravents*, et Peter Stein *Les Nègres* à la Schaubühne de Berlin. Genet reçoit le Grand Prix national des Lettres à Paris.

985. *Août.* En compagnie du metteur en scène Michel Dumoulin, il écrit à Rabat une nouvelle version de *Haute surveillance*.
Novembre. Il achève *Un captif amoureux* dont il remet le manuscrit à Laurent Boyer qui sera son exécuteur testamentaire. Le livre paraîtra un mois après sa mort.
Décembre. Le Balcon entre à la Comédie-Française (mise en scène de Georges Lavaudant).

1986. *Mars.* Il corrige le premier jeu d'épreuves d'*Un captif amoureux* et repart au Maroc pour dix jours.
15 avril. Jean Genet meurt dans une petite chambre d'hôtel à Paris. Il est enterré dans le vieux cimetière espagnol de Larache, au Maroc.

NOTICE

UNE AFFAIRE EMBROUILLÉE

En 1954, à la demande, semble-t-il, de l'éditeur Jean-Jacques Pauvert, Genet accepte de publier, dans le même volume, deux versions de ses *Bonnes* : celle que Genet lui-même disait de 1946, mais non antérieure aux répétitions qui ont eu lieu dès la mi-septembre de cette année et qui fut mise en scène par Jouvet en 1947 ; et celle qui avait été déjà publiée par la revue *L'Arbalète* au printemps 1947 et que Tania Balachova choisit de représenter en 1954 au Théâtre de la Huchette. Quant au texte publié par *L'Arbalète*, la version qu'en donne Pauvert en est la reprise quasi intégrale : on n'a pas décelé plus d'une quinzaine de variantes, portant essentiellement sur des détails (avec de plus quelques variantes de ponctuation). Les deux versions de 1946 et de 1947 diffèrent profondément. Voici, tracées à grands traits, leurs caractéristiques respectives.

Tout d'abord peut-on suivre Genet dans le bref commentaire qu'il fait des deux versions de sa pièce dans la lettre-préface à Jean-Jacques Pauvert qui ouvre la publication[1] ? Il écrit : « Je signalerai seulement que la seconde [version] — la plus bavarde — fut en fait la première. De longues répétitions

---

1. Reprise dans *Fragments... et autres textes*, Gallimard, coll. blanche, 1990, p. 103.

l'élaguèrent, l'allégèrent. » De fait, la version éditée en 1947, mais jouée en 1954, est bien la première et la multiplicité des dactylogrammes et de leurs corrections (qui concernent des pans entiers de la pièce, notamment la scène avec Madame et le dernier dialogue des deux sœurs)[1] fait saisir à « quelles longues répétitions » Genet fait allusion : au travail de Jouvet qui a abouti à la version dite de 1946, non publiée avant 1954. Le texte de la version de 1947, sans être totalement antérieur à la mise en scène de Jouvet, doit être considéré moins comme une ébauche complaisante dans laquelle Jouvet (avec l'accord de Genet) aurait taillé sans pitié que comme un texte écrit et récrit par Genet au cours même des répétitions. Nous désignerons du nom de « première version éditée » le texte publié en 1947 et de « version définitive » le texte joué par Jouvet, édité en 1954 et tel qu'il a finalement paru en 1968 dans les *Œuvres complètes*.

DEUX VERSIONS DE VALEUR INÉGALE

Si l'on se contente de comparer les deux versions en l'état, sans se soucier de leur élaboration difficultueuse, on dira que la version définitive présente des coupes profondes en regard de la première version éditée. Mais, plus que de réductions destinées à alléger le texte, il s'agit d'un travail de refonte de cette première version éditée qui, elle, multiplie les commentaires didactiques assez lourdement explicatifs. Chose curieuse, quantitativement, les deux versions s'équivalent à très peu de choses près.

Des exemples de cette lourdeur et de cette complaisance : p. 120, dans la tirade de Claire on lit : « [...] j'ai forcé ma main, tu entends, je l'ai forcée, lentement, fermement, sans erreur, sans faute d'orthographe, ni de syntaxe [...]. » P. 123-124, les quatre tirades de Claire sont didactiques

---

1. Le dossier complet des variantes effectuées par Genet pendant les répétitions de sa pièce à l'Athénée est déposé au fonds Jouvet de la Bibliothèque de l'Arsenal.

et diffuses à force de recherche stylistique ; p. 125 la réplique sur la gifle est très littéraire de même que, p. 131, le « Tu gaspillais mon délire », tandis que dans la même tirade, « je regardais ta joie de te servir de ce prétexte » est alambiqué ; p. 135 une variante intéresse le statut des personnages, beaucoup moins différenciés qu'on pourrait croire (Claire fragile et nerveuse, Solange déterminée et violente) puisque la même réplique : « Je t'en prie, ne m'accable pas », est, dans la première version éditée, tout entière attribuée à Claire alors que, dans la version définitive, la partie : « Mais malheureuse [...] des traces » était mise dans la bouche de Solange ; p. 136, la tirade de Claire sur le mélange des épingles à cheveux et des odeurs est d'une rhétorique exaltée ; à l'inverse, p. 137, le « C'est aussi grave » est beaucoup plus plat que le « C'est trop s'aimer » de la version définitive ; p. 137-138, Claire développe tout un hors-d'œuvre historique.

Quant aux p. 87 et 148, elles présentent, avec des modifications importantes de texte et de ton, un changement total d'utilisation de l'espace : dans la première version éditée, Madame se parle à elle-même, assise à sa coiffeuse, puis entame avec Claire un dialogue paternaliste et sentimental alors que, dans la version définitive, Claire a une tirade sardonique d'une extrême violence rentrée (p. 87-88). Madame le lui rend bien qui s'adresse à elle pour se plaindre de la négligence de ses bonnes : « Vous les chargez de roses mais n'essuyez pas les meubles », alors que dans la première version éditée, Madame parle d'elles à la troisième personne et de façon beaucoup plus molle : « Ces filles m'adorent, mais [...] elles n'ont pas essuyé la coiffeuse. Leur service est un étonnant mélange de luxe et de crasse » (p. 148).

Même remarque pour ce qui est de la densité à la fois poétique et psychologique des textes, p. 90-91 d'une part et p. 151-152 de l'autre. Dans la version définitive après le départ de Madame, Claire prononce les litanies de la « bonté de Madame », dans un état presque cataleptique, foudroyée qu'elle est par son échec ; dans la première version éditée, on reste collé au langage quotidien, la situation elle-même explicitant ce que la version définitive se contentera de suggérer : le retour de Solange et la justification de son retard. Platitude particulièrement sensible dans la première réplique de la p. 150 mise dans la bouche de Madame. De même pour ce qui est de la reprise du jeu de rôle : dans la première version éditée (p. 151-152), on s'explique, on ergote ; dans la version définitive (p. 96), on indique simplement la reprise du jeu par le recours au vouvoiement : « Il est bien temps de vous plaindre. Votre délicatesse se montre au beau moment »). Il faut trois pages d'un côté pour que le jeu reprenne ; il faut une ligne, de l'autre.

Les indications scéniques sont également beaucoup plus allusives dans la version définitive ; elles l'étaient encore plus dans la version de 1954 publiée par Pauvert : là rien ne signale que Claire revêt une robe blanche, sinon un élément du dialogue, alors que dans la première version éditée, le geste est décrit avec profusion (p. 155). Même discrétion pour la séance sadomasochiste de la cravache : nulle mention dans la version définitive (p. 102) des gestes que fait Solange, alors que dans la première version éditée, c'est tout à fait explicite (p. 156-157) : *« Elle décroche une cravache »* (que fait d'ailleurs cet instrument dans la chambre à coucher de Madame ?) et elle traite sa sœur comme un chien : « Couchez. Couchez-vous ! »

La netteté des rapports de personnages éclate aux yeux rien qu'à comparer la longueur des répliques. Dans la version définitive, p. 103-104, Solange, en trois longues répliques, « épingle » Claire comme un papillon sur la planche du naturaliste pour mieux lui porter le coup fatal. L'immobilité des deux sœurs, jusqu'à la mort métaphorique signalée par l'indication scénique (*« Elle pousse Claire qui reste accroupie dans un coin »*, p. 105), traduit mieux l'angoisse et le rapport de force que ne le font la fébrilité des mouvements dans la première version éditée (elles courent toutes les deux dans la chambre), la fragmentation haletante des répliques et le passage trop brutal d'un sentiment à l'autre — de la haine à la pitié — dans la bouche de Solange (p. 159).

La cohérence y perd beaucoup, ainsi que la concrétisation du fantasme : dans la version définitive (p. 105), Solange avait métaphoriquement tué sa sœur et sur cette métaphore, de façon quasi rationnelle, elle construisait sa plaidoirie d'accusée se glorifiant de son crime. Tandis que dans la première version éditée (p. 159), il y a rupture entre la dernière réplique de Solange prenant soudain pitié de sa sœur et l'indication scénique : « Viens. Appuie-toi sur moi. Là. Marche doucement. Nous serons mieux là-bas, dans notre domaine fleuri. J'ai des ressources tellement sûres pour abolir toutes les douleurs. *Elles sortent par la porte de la cuisine. La scène reste vide quelques secondes. Un coup de vent ouvre la fenêtre mal fermée. Entre Solange, à droite, vêtue de sa petite robe noire. Pendant toute la scène, elle paraîtra s'adresser à des personnages imaginaires, mais présents.* » Toutes ces indications, assez grand-guignolesques, sont faites pour créer un climat fantasmatique par des moyens artificiels... et classiques (coup de vent, changement de costume, métamorphose dans l'imaginaire), Solange revenant seule pour faire son numéro de meurtrière (p. 160).

Là où vraiment la différence de qualité éclate, c'est à la fin du monologue de Solange où, dans la première version éditée, l'auteur, outre des détails anecdotiques sans grand intérêt, a ajouté deux phrases signées... Genet, mais totalement hors situation (encore que Genet ait dit que s'il était bonne il parlerait « comme elles. Certains soirs » ; mais le contraire est moins sûr) : « Qui suis-je ? La conscience monstrueuse de la domesticité » et : « Ce serait trop beau si les maîtres pouvaient déchirer les ténèbres où vivent les domestiques » (p. 162).

La fin de la pièce mérite d'être examinée attentivement tant l'écart se creuse entre les deux versions : quantitativement, dans la version définitive, trois pages à peine ; dans la première version éditée, plus de cinq. Dans les deux versions, la ligne d'évolution est la même : Solange, qui jouait à tuer (et même à avoir tué) sa sœur, s'effondre, minée par cet effort d'imagination (avec juge, bourreau, pompes funèbres et fastueuses). Claire reprend la balle au bond mais pour inscrire le fantasme dans la réalité par une sorte de transsubstantiation ou de transfert d'identité : Claire jouant à Madame devient Madame et meurt (réellement empoisonnée par le « tillol »), mais elle transmet à Solange, devenue son double tout en restant elle-même, l'héritage des bonnes. De la sorte, la vengeance tirée de Madame dépasse la haine, pour déboucher sur une manière de rédemption : le sacrifice volontaire de Claire, bien loin de l'anéantir, la fait renaître en une sorte de corps glorieux (invisible) incarné par Solange ; c'est le sens de la réplique de la p. 111 : « Et surtout, quand tu seras condamnée, n'oublie pas que tu me portes en toi. Précieusement. Nous serons belles, libres et joyeuses. »

Cette épure n'est pas encore atteinte dans la première version éditée : du fait d'une relance du jeu de Solange/Madame/Monsieur (p. 163-164) ; du fait d'un commentaire explicatif de Claire (p. 165) indiquant à Solange la marche à suivre (« Sois docile, je vais t'aider »). C'est à cet endroit que se trouve la phrase clé citée à l'instant mais qui, dans la première version, est tronquée et distribuée en plusieurs morceaux (« Je te somme de me représenter [...] de me représenter dans le monde ») ; phrase qui de plus a perdu son caractère « eucharistique ».

La suite est faite des hésitations de Solange, répétitives et gâchées par une agitation assez confuse (« *Elle essaye de soulever sa sœur et de la tenir debout* [...]. *Elle la tient par les poignets et la soulève du fauteuil* »). La toute fin, dans la version définitive, s'achève sur l'attitude de Solange « *face au public* [...] *comme par des menottes* », alors que la première version éditée est prolongée par une dernière tirade, poétique, de Solange où elle revient à son fantasme à quatre : Madame, Monsieur et les deux bonnes. L'idée est qu'on assiste, grâce à la mort de Madame, à la résurrection des bonnes et de toutes leurs congénères. Résurrection collective et extase lyrique puisque la dernière phrase de la première version éditée : « Nous sommes belles, libres, ivres et joyeuses » n'a rien à voir avec le « Nous serons belles, libres et joyeuses » de la tirade de Claire (p. 111) de la version définitive.

Ici, c'est la « nuit obscure » des mystiques avec toute la dialectique secrète de la réversibilité des peines et des mérites et de l'assomption par le crime ; là l'on n'a guère affaire qu'à une proposition simplement imaginaire et à une délivrance purement verbale.

VERS L'ÉDITION DÉFINITIVE

La version publiée par les Éditions de L'Arbalète en 1958 reprit presque mot pour mot celle dite de 1946, marquant bien par là la préférence de Genet pour un texte réellement très supérieur à celui de 1947. La version de 1963, toujours aux Éditions de L'Arbalète, présente, avec un texte rigoureusement identique (à ceci près qu'il propose, p. 80, une indication scénique qui sera conservée dans les versions suivantes : « *Elle met sa robe blanche face au public, par-dessus sa petite robe noire* »), un complément important : *Comment jouer « Les Bonnes* 1968 voit la publication aux Éditions Gallimard, cette fois, du quatrième tome des *Œuvres complètes* de Genet dont les textes, notamment celui des *Bonnes* et de *Comment jouer « Les Bonnes »*, ont été soigneusement révisés par l'auteur.

En quel sens ? Sur un ensemble de cinquante-trois modifications, treize sont des indications scéniques nouvelles destinées soit à guider les comédiennes dans leur jeu, soit à expliciter davantage gestes et mouvements. D'autres variantes sont d'intention lexicale pour rapprocher le vocabulaire des bonnes du langage parlé. Dans le même sens, Genet a supprimé ou corrigé les tournures trop littéraires ou les images trop recherchées. Peu de choses au total.

Le plus intéressant, à coup sûr, tient aux deux notes dont Genet accompagne son texte (p. 35 et 65). L'auteur s'y révèle juge lucide de son œuvre, craignant qu'elle soit trop explicite, trop méta-théâtrale ; trop banale aussi et trop réaliste. C'est pourquoi il envisage une « déambulation » proche de la danse ou de la géométrie et qui échappe au tout-venant des gestes quotidiens. Genet craint par-dessus tout le réalisme mimétique : il le dit et le redit dans *Comment jouer « Les Bonnes »* : « Un conte... Il faut à la fois y croire et refuser d'y croire, mais afin qu'on y puisse croire il faut que les actrices ne jouent pas selon un mode réaliste » ; ou : « Le metteur en scène doit comprendre [...] pourquoi [...] le jeu des actrices [doit être] un peu titubant ». Il le dit encore dans la note de la p. 65, invitant les comédiennes, pour réinsuffler à sa pièce l'ambiguïté dont elle manque, à jouer : « Excessivement. »

Une autre édition comporte encore quelques variantes :
en 1976, les Éditions de L'Arbalète publient une version qui
reprend celle des *Œuvres complètes* de 1968, mais restaure
douze des détails de l'édition de 1963, le plus significatif
étant la fameuse phrase où Genet s'amuse à jouer sur les
pronoms : « Ce jeune laitier ridicule nous méprise et s'il
vous a fait un gosse [...] » (versions 1963 et 1976), tandis que
la version 1968 propose : « [...] vous méprise et s'il vous a fait
un gosse [...]. » 1976 rétablit le : « Dépêche-toi » lancé par Madame à Solange quand elle l'envoie chercher un taxi alors
que dans l'édition de 1968 cet ordre était devenu : « Dépêchez-toi », avec cette indication : (« *Le lapsus est supposé.* »)

Les éditions Folio successives (1978 et 1986) sont, quant à
elles, strictement fidèles au texte de 1968.

LES CHOIX DE GENET

Ainsi donc l'histoire des textes édités des *Bonnes* est-elle,
dans l'état de nos connaissances, tout en étant brouillée par
le chevauchement des dates, relativement simple. Il existe deux
versions fondamentalement différentes de cette pièce : la première éditée en 1947 par la revue *L'Arbalète* et reprise en
1954, dans la mise en scène de Tania Balachova ; la seconde
jouée à l'Athénée en 1947, dans la mise en scène de Louis
Jouvet, et également éditée en 1954. C'est elle qui fait autorité :
elle n'a connu au fil des ans que des variantes peu significatives, les plus marquantes étant celles du tome IV des *Œuvres
complètes* (1968) ; la pièce n'en est cependant nullement bou-
leversée, à peine gauchie pour quelques détails. C'est cette
version définitive que nous choisissons de publier, suivie néanmoins de la première version éditée qui a parfois la faveur des
metteurs en scène et des critiques.

On pourrait donc croire qu'avec l'aide de Jouvet (sans qu'on
sache rien de la collaboration effective des deux artistes) *Les
Bonnes* ait atteint, aux yeux mêmes de Genet, dès la première
mise en scène, un état de perfection définitive, la première
version éditée n'étant publiée que pour mémoire. Ce serait
faire bon marché de tout le travail de réécriture effectué par

Genet au cours des répétitions, travail qui tend à sauvegarder une bonne part de la version en quatre actes, tandis que Jouvet s'efforcera moins de la réduire que d'en déplacer les accents et d'en atténuer la violence. Que Genet fasse publier par la revue *L'Arbalète*, au printemps 1947, au moment même où la pièce est jouée par Jouvet, une version totalement différente, n'est-ce pas le signe qu'il n'était pas alors convaincu par l'intervention castratrice du metteur en scène ? C'est plus tard seulement, en 1954 peut-être, que Genet a pris conscience que la première version était vraiment « plus bavarde » — trop bavarde.

GENET EN AVANCE SUR SON TEMPS

Du fait que la publication dans la revue *L'Arbalète* de la version « bavarde » ne pouvait atteindre qu'un mince public, les jugements critiques, presque tous défavorables pour ne pas dire franchement hostiles, furent émis à l'occasion de la mise en scène de la version définitive, en avril 1947. Il est facile — et plaisant — d'épingler les jugements à l'emporte-pièce des autorités théâtrales d'alors pour constater avec quelle hargne, quelle prétention, pour ne pas dire quelle bêtise, ces messieurs ont balayé d'un revers de plume la première d'un « jeune » auteur. Jeune auteur, Genet ne l'était certes pas, mais avec la mise en scène des *Bonnes* il passait d'un coup et sans transition de la clandestinité des officines spécialisées dans la vente discrète — et rémunératrice — de romans licencieux, au grand jour de la célébration publique, dans un des théâtres les plus cotés de la rive droite, dirigé par le plus prestigieux des metteurs en scène. Citons pour mémoire quelques-unes de ces phrases : « Je déteste que ce soit si faux, et boursouflé [...]. Du Ruy Blas au graillon » (Robert Kemp) ; « un affreux goulash au vitriol. Le réalisme est passé de mode » (Gabriel Marcel) ; « À vrai dire ce qui est navrant c'est l'échec de la violence, de la révolte et du cri. Mais quand on prend ses personnages dans le *Journal d'une femme de chambre* d'O. Mirbeau, on ne les fait pas parler comme *Les Précieuses ridicules* devenues folles » (René Lannes).

Jacques Lemarchand, Thierry Maulnier sauvèrent néanmoins l'honneur de la critique, ainsi que Jean-Jacques Rinieri, jeune critique ami de Jean Cocteau, qui écrivit dans *La Nef* : « La pièce est un "événement" [...]. Il s'agit d'une initiation ; le théâtre reprend toute sa puissance de rite sauvage : ce n'est pas un hasard si les bonnes emploient un vocabulaire de théâtre, la rhétorique fait ici partie du jeu. Le génie de Genet a su retrouver la seule voie possible d'un théâtre poétique : reconstruction mythique d'un univers à partir d'une situation extrême. Le drame intérieur de la condition servile est porté sur la scène grâce à l'admirable invention de la "cérémonie" où les bonnes se dédoublent, et poussent le jeu jusqu'à la découverte du salut qui, dans ce monde infernal, ne peut être que la glorification du crime. »

Le désarroi des critiques reprochant à Genet à la fois son trop de réalisme (« le graillon ») et l'artifice de sa langue (« *Les Précieuses ridicules* devenues folles ») montre qu'ils sentaient sourdement que Genet, outre son statut social de marginal, n'appartenait pas à *leur* république des Lettres. En refusant les codes conventionnels de l'écriture et de la composition théâtrales, il leur tendait un piège en s'affirmant inclassable : ni classique ni moderniste, mais autre. Ils s'en prenaient à la thématique de sa pièce et criaient — comme au bon vieux temps — à l'immoralité (« fétide », disait Jean-Jacques Gautier), mais le vrai débat était d'un autre ordre : allait-on accepter qu'un dramaturge nouveau-né écrive et compose du théâtre comme un poète, c'est-à-dire dans l'expression non déguisée de son style et de sa pensée propres, sans souci de vraisemblance psychologique ou de cohérence d'intrigue ? L'accueil réservé à Genet était, tout compte fait, peu différent de celui que reçurent Paul Claudel et Georges Schehadé, Jacques Audiberti ou Henri Pichette. La dramaturgie avait ses lois qu'on voulait immuables et que les gardiens du temple entendaient faire respecter avec une parfaite mauvaise foi de terroristes intellectuels. Ce qui n'empêcha pas la pièce de devenir rapidement un des classiques du théâtre contemporain au même titre qu'*En attendant Godot* ou que *Rhinocéros*.

LA MISE EN SCÈNE DES *BONNES*

De toutes les pièces de Genet, *Les Bonnes* est la plus jouée
à travers le monde, et elle continue à l'être. Elle a donné lieu
à des centaines de mises en scène qui s'en donnent à cœur
joie pour proposer des décors, des distributions, des interpré-
tations on ne peut plus divergentes. Tantôt le rideau se lève
sur un décor complet, reproduisant le cadre de vie défini par
Genet comme celui d'une « dame un peu cocotte et un peu
bourgeoise » (Louis Jouvet, 1947), tantôt on prend le parti de
la pauvreté (Tania Balachova, 1954), voire celui de la nudité
totale (Alain Ollivier, 1991). Une fois, on creuse, sur un plateau nu, circulaire et ceint de hauts murs réfléchissants, une
cavité qui tient lieu de lit (Victor Garcia, 1970 et 1971) ; une
autre, on construit quatre niveaux de jeu : les dessous où disparaissent les deux sœurs, deux aires de jeu, une pour chacune des bonnes, avec un escalier en haut duquel apparaît
Madame (Roland Monod, 1971) ; une autre fois encore, on
dispose un cercle avec trois marches, plus haut un plateau
rond où trône le fauteuil de Madame, en contrebas une fenêtre qui « s'ouvre sur un vide noir grillagé de barreaux .rès
lourds. Du ciel tombe sur une illusion de lit, un rideau, un
voile, un linceul » (Claire Devarrieux, *Le Monde* du 21 janvier
1977 à propos de la mise en scène de Dominique Quéhec).
On peut aller jusqu'au terrain vague entouré de palissades
(Henri Ronse, 1977), et à un décor lourd et machiné (Philippe
Adrien, 1996). Quant aux personnages, ce sont tantôt trois

actrices, tantôt trois hommes (Living Theatre, 1965 ; Jean-Marie Patte, 1971 ; Marcel Delval, 1979), tantôt deux femmes et un homme (Madame, qui descendait du « ciel » par un ascenseur, au parvis Saint-Jean à Dijon, dans la mise en scène d'Alain Mergnat, 1975), un homme (Claire) et deux femmes, chez Roland Monod, une femme (Madame) et deux hommes chez Moriaki Watanabé (1995). Pour l'interprétation, elle va de la célébration d'un mystère (Jean-Marie Patte) à une cérémonie janséniste et quasi mystique (Roland Monod) ; elle va de l'oratorio sauvage, de la parabole délirante et sacrilège (Victor Garcia), jusqu'à une sorte de « criminal story », produit de l'imagination déréglée des deux bonnes (Philippe Adrien).

Le décor suggéré par Genet dans les indications scéniques de l'édition originale (avant qu'elles ne soient complétées et nuancées dans *Comment jouer « Les Bonnes »* en 1963) va dans le sens d'un réalisme luxueux et raffiné, bien fait pour exercer le talent de Christian Bérard, décorateur de la création : surenchérissant sur Genet, il transforme le lieu en bonbonnière rose avec abondance de tentures, rideaux, drapés, paravent, fauteuils, boîtes à chapeau, lustre, garde-robe emplie à ras bord, matériel complet de maquillage, qui s'ajoutent aux éléments « obligés » proposés par les indications scéniques (lit, secrétaire, coiffeuse, fleurs). Trois femmes tiennent les rôles, deux très jeunes pour les bonnes (Yvette Étievant et Monique Mélinand), une plus âgée pour Madame (Yolande Lafont). On sait que Jouvet voyait dans les bonnes « de fragiles jeunes filles souffrant de leur humble condition, qui rêvent et s'identifient à leur patronne dans une sorte d'état poétique ». Interprétation inquiétante à force de pauvreté qui ne paraît pas corroborée par le point de vue des critiques, qu'il soit destructeur ou élogieux.

Cette « tragédie des confidentes », comme l'appelait Louis Jouvet, était évidemment plus en rapport avec la jeunesse de ses interprètes et avec des souvenirs intempestifs de classicisme qu'avec le dérèglement somnambulique de Solange et Claire. Il semble cependant que les actrices ne soient pas passées à côté de l'essentiel. Les deux comédiennes qui ont créé le rôle des bonnes ont, en effet, confié leurs souvenirs à Alain Ollivier[1]. Sur le jeu : « Et nous on jouait extrêmement âpre, dur, il n'y avait aucune sentimentalité dans notre jeu à toutes les trois [...]. La façon de jouer était très violente, violente et rapide. » À une question d'Alain Ollivier portant sur la « partition » du phrasé et de la respiration, pour savoir si elle était très rigoureuse, la réponse d'Yvette Étiévant confirme : « Oh oui, tout à fait. C'était d'une très grande précision. » Il n'empêche que la mise en scène de Jouvet a très vite vieilli, du moins dans le souvenir des critiques, qui, à l'occasion de nouvelles présentations de l'œuvre, brûlent ce qu'ils avaient adoré et jugent souvent l'ensemble de l'interprétation à l'aune du décor de Christian Bérard, jugé trop « parisien », trop boulevardier. Ainsi Thierry Maulnier, appréciant en 1954 le travail de Tania Balachova[2], évoque celui de Louis Jouvet ; il en regrette « l'esthétisme du décor et de la déclamation où s'émoussait la terrible acuité du texte[3] » ; tandis que Guy Dumur, plus nuancé, revient, en cette même occasion, sur le passé pour écrire : « La mise en scène de Jouvet, les actrices qu'il avait choisies : Monique Mélinand, Yvette Etiévant, Yolande Lafont, le décor de Christian Bérard et les meubles de Jacques Damiot (le lit provenait d'une maison récemment fermée) avaient donné à cette "tragédie des confidentes" cet aspect baroque, cette lucidité désespérée qui sont la force même de l'inspiration de Genet, de ce style classique improvisé à voix haute par un autodidacte de génie[4] [...]. »

En opposition à la « fureur glacée » qu'avait adoptée la mise en scène de Jouvet, celle de Tania Balachova, selon Guy Dumur, « a cherché l'effet inverse » : « Les actrices — principalement Tania Balachova et Anne Reinerg — jouent le texte, c'est-à-dire que leurs gestes en suivent les moindres indications et y ajoutent ses secrètes intentions. Le couple Claire-Solange devient subitement d'une sensualité visible, nettement déterminé par la différence d'âge que Tania Balachova, en

---

1. *Alternatives théâtrales*, n° 43, avril 1993.
2. Au Théâtre de la Huchette, avec un décor de Michel Soukin et des costumes de Mme Braëm.
3. *Carrefour*, 18 janvier 1954.
4. *La Table Ronde*, mars 1954.

jouant une des bonnes, a voulue (il paraît que telles étaient les intentions de Genet). C'est alors la vieille école du Théâtre d'Art de Moscou [...] qui ressuscite : un expressionnisme poétique trop appuyé peut-être, qui porte la pièce de Genet au sommet de tous les malaises[1]. » La raison du relatif insuccès de la mise en scène de Tania Balachova — très relatif, car les articles de Georges Lerminier, de Jacques Lemarchand, de Thierry Maulnier, de Guy Verdot sont tout à fait élogieux — tient peut-être au fait qu'avait été choisie la version « bavarde » de la pièce, celle que Jean-Jacques Pauvert venait d'éditer cette même année 1954. C'est du moins ainsi qu'André Ranson explique sa déception : « Quant à son [de Genet] style, quel fatras, quelle littérature ! Tout sonne faux. Les bonnes parlent comme des professeurs de philosophie et la patronne comme une chiffonnière. Les scènes, mal équilibrées, sont interminables et de l'ensemble se dégage un ennui mortel. [...] Il paraît que Jean Genet a refait entièrement sa pièce (troisième version). Tout s'explique ! L'auteur qui se plaît, dit-on, à "dérégler la raison", s'est amusé à dérégler son œuvre — et à se détruire lui-même. On est masochiste ou on ne l'est pas ! Au surplus, à part Tania Balachova, belle comédienne, la pièce est jouée médiocrement[2]. » Néanmoins, même ce point de vue doit être relativisé car Frank Jotterand estime que la réussite de la pièce tient précisément au choix de la version « complète » — ce qui, à l'évidence, repose sur une méconnaissance de la genèse de l'œuvre : « *Les Bonnes* que Jouvet avait présentées dans une version expurgée, Tania Balachova les a reprises à la Huchette sans les décors de Christian Bérard mais avec une précision cruelle qui donne toute sa force à la pièce. [...] Les actrices, d'une classe exceptionnelle, donnent l'impression de jouer chaque soir leur propre existence. La Huchette est devenu l'un des lieux où l'on sent passer le souffle glacé de la tragédie humaine[3]. »

Ensuite, long purgatoire (en France du moins) où *Les Bonnes* n'a guère connu de mise en scène notoire avant que Jean-

1. *Théâtre populaire*, janv.-févr. 1954, n° 5, p. 78.
2. *L'Aurore*, 15 janvier 1954.
3. *Gazette de Lausanne*, 6-7 février 1954.

Marie Serreau ne monte la pièce en 1961 au Théâtre de France[1], puis à nouveau en 1963, avec des actrices noires[2], la gauchissant alors vers une interprétation « coloniale » de l'avilissement. Il faudra attendre les années soixante-dix pour que la pièce, retrouvant une nouvelle jeunesse à la suite des mutations sociales de Mai 68, voie se multiplier les mises en scène : trois d'entre elles datent de 1971, et ce sera le début d'une longue série.

Antérieurement, en 1965, le Living Theatre avait monté la pièce avec trois hommes[3], choix sur lequel s'explique Judith Malina : « Le Living a commencé les répétitions avec trois filles. Ça m'a paru faux, assez rapidement. La pièce restait engoncée dans la psychologie. C'étaient simplement trois femmes hystériques. Genet, lui, aimerait que la pièce soit jouée par trois très jolis garçons. Ce que nous avons fait est encore autre chose. Nos trois acteurs n'ont pas un physique de jolis garçons. Ils ne sont pas efféminés. Ils ont une carrure virile. Ce n'est donc pas, comme s'il s'agissait de très jolis garçons, l'homosexualité qui prime. On voit sur scène trois hommes habillés en femmes, trois hommes du modèle courant. Ça devient beaucoup plus gênant : l'homme est un esclave, l'esclave d'une "femme", elle-même esclave d'un comportement et d'un système qui comprend aussi les bonnes. Le spectateur ne peut se raccrocher à une interprétation rassurante : "Ce sont des homosexuels — ou des homosexuels, qui jouent les homosexuels — qui jouent *Les Bonnes*." C'est très inconfortable pour le public, parce que ces trois hommes imposent l'idée d'une dégradation totale, bien que la chose ne soit jamais dite. Ce qui est évidemment bien pire, en définitive. Jouée par des femmes, la pièce est psychologique, jouée par des hommes, elle prend avant tout un caractère social. »

1. Dans un décor de Leonor Fini, avec Reine Courtois en Solange, Tatania Moukhine en Claire et Yvonne Clech en Madame.
2. Au Théâtre de l'Œuvre avec Toto Bissainthe, Danielle van Bercheycke, Moréna Casamance.
3. William Shari, Marvin Silber, Julian Beck (Solange en alternance) ; Henry Howard, Malvin Clay, Julian Beck (Claire en alternance) ; Luke Theodore, Jim Tiroff (Madame en alternance).

La réalisation de Roland Monod (1971), bien qu'elle recoure aussi à trois hommes, est aux antipodes de celle du Living. S'écartant de toute interprétation psychologique ou sociale, elle est d'une subjectivité totale, néanmoins impressionnante de conviction : « Je voulais, dit-il, que la représentation des *Bonnes* se déroule à la fois comme une parabole et une cérémonie sacrée Qu'elle ait, si l'on veut, une résonance religieuse. » Que sont les bonnes ? « Deux versants d'un être unique qui veut devenir cet être supérieur symbolisé par Madame, dont il devra détruire l'apparence défigurée. Le crime se présente comme l'aboutissement en négatif d'une recherche de Dieu, de l'identification à Dieu : l'inversion de la grâce. » D'où le choix de trois hommes en robes de moine et accessoires religieux avec pour décor une chapelle agrémentée de tuyaux d'orgue et de fleurs. Sur son interprétation christique, Roland Monod écrit encore : « Je sens que cette cérémonie sacrée, ce sont de jeunes êtres "en quête" qui doivent la célébrer. Il y a deux jeunes âmes, empêtrées et enivrées d'un corps, qui aspirent à rejoindre celui qu'elles n'osent appeler Père, car il n'est pas donné à tout le monde de se savoir enfant légitime. L'accession personnelle, solitaire, à l'amour de Monsieur, n'est-ce pas le pari impossible ? »

Moins imbu de théologie mais tout autant pénétré de la tension tragique qui parcourt la pièce, Jean-Marie Patte transforme les bonnes en bagnards aux crânes rasés et aux lourds godillots « avec des oripeaux de velours sur leurs treillis de taulards » (Matthieu Galey). L'ombre de *Haute surveillance* plane donc sur *Les Bonnes*, devenu une litanie incantatoire psalmodiant les mystères d'une identité trinitaire : « Pour moi, dit Jean-Marie Patte, les deux sœurs et Madame sont les projections en trois personnages de Genet. » Le lieu ? « Pour moi il s'agit simplement du lieu où se déroulent les étapes d'une métamorphose qui ne peut aboutir à l'intérieur du spectacle parce qu'elle bascule dans l'indicible, dans ce qui ne peut être montré [...]. La recherche de Genet va bien au-delà de l'illusion dans *Les Bonnes*[1]. »

1. *Le Monde*, 16 avril 197*.

Incantation encore mais dans l'ordre du dionysiaque, telle apparaît la mise en scène de Victor Garcia (1970 et 1971), « glorification du Mal poussée jusqu'au sacrifice, éblouissante messe noire qui s'élève au niveau du sacrilège et du désespoir. Ce n'est plus une pièce, c'est un rite [...]¹ ». Voici comment Garcia rend compte de la mise en place du jeu : « L'essentiel du travail sur *Les Bonnes* a été fait par les comédiennes : nous avons répété, improvisé sans décor, sans mise en place, jusqu'à ce qu'elles soient devenues totalement les bonnes et Madame. J'étais simplement un catalyseur. La pièce indique une maison pleine de fleurs et de parfums. J'ai pensé à des   illiers de fleurs, des fleurs naturelles avec leur parfum. Des millions auraient été nécessaires ! Donc les actrices devaient, par leur jeu, créer le climat d'une maison chargée de fleurs : le climat d'un cimetière, d'une chambre mortuaire. J'ai observé le comportement de ces trois comédiennes, devenues trois êtres perdus, et le dispositif, la mise en scène proprement dite ont été établis en fonction de ce comportement. »

Dans *Combat* du 3 avril 1970, Garcia précise sa vision de l'œuvre : « Ce qui m'attirait dans Genet, ce n'était pas la poésie, c'était les images, les actes [...]. J'ai pris le texte comme une ligne de conduite, un scénario à développer [...]. L'espace scénique est un espace ouvert, une sorte de salle de vivisection, un lieu de cérémonie pour étudier des personnages. Je voulais en fait créer un lieu nécessaire pour un bon travail (au sens de la magie noire), travail de nettoyage du conscient et aussi du subconscient. J'ai essayé de limiter au maximum possible toutes les possibilités de fuite vers des thèmes littéraires, poétiques ou anecdotiques de façon à arriver jusqu'à la dernière conclusion "malheureusement théâtrale". J'ai fait un travail sur les actes, sur les fluides et non sur les idées. » Et il est de fait que les deux actrices, qui délivrent le texte sur un ton monocorde et pleurard, passent leur temps à se hisser sur des sortes de hauts cothurnes qui les transforment en bizarres insectes ou en boiteuses quand elles se défont de l'une de leurs prothèses ; à ramper, à s'affronter l'une l'autre comme

1. Matthieu Galey, *Combat*, 9 avril 1970.

des chiennes, à heurter de leurs poings les parois métalliques qui entourent le plateau, dans un état presque constamment paroxystique. Interprétation forcenée qui plut à Genet. Il vit le spectacle trois fois, ce qui est exceptionnel de sa part et commenta : « Le rapport entre Artaud et moi s'est trouvé exprimé dans le travail de V. Garcia. Je considère qu'il s'agit d'une version admirable qui rajeunit mon texte et lui donne de nouvelles dimensions[1]. »

On s'est aperçu, avec les mises en scène réalisées à partir de 1970 (et déjà avec le Living Theatre qui fait, à cet égard comme à maints autres, figure de précurseur), que les indications scéniques de Genet ont cessé d'être contraignantes ou même simplement... indicatives. On lit *Les Bonnes* à la lumière des autres pièces de Genet et de textes théoriques ou réflexifs qui n'ont rien à voir avec celle-ci. On prend en compte le refus déclaré de Genet de tout réalisme, mis à mal désormais, notamment par les jeux ironiques du théâtre dans le théâtre, et l'on en fait l'application aux *Bonnes*. Il est vrai que dans *Comment jouer « Les Bonnes »*, Genet réclamait pour ses personnages un « jeu furtif », riche de contrastes aussi imprévisibles que possible ; il envisageait même de remplacer le décor chargé, qu'il décrit pourtant avec minutie, par un simple repérage conventionnel de recoins sur lesquels les actrices « se mettent d'accord sous les yeux des spectateurs » pour leur donner les noms de « lit, fenêtre, penderie, porte, coiffeuse, etc. »

La mise en scène d'Alain Ollivier en septembre 1991 se situe en droit fil de cette tendance et se remarque d'emblée par son dépouillement. Dans la sorte de hangar-jardin d'hiver qu'est son Studio Théâtre de Vitry, le metteur en scène a éliminé tout ce qui faisait l'environnement à la fois réaliste et symbolique de Madame, cette demi-mondaine. Et l'on aurait pu se dire qu'il était impossible de jouer dans un tel dénuement une pièce où les objets, dotés d'une sorte d'autonomie, prennent un malin plaisir, comme le constatent les bonnes, à les trahir. En tout et pour tout, Alain Ollivier a conservé une clé, déposée au sol, côté cour, et un collier posé sur un carré

---

1. Propos rapportés dans *Les Nouvelles littéraires*, 2 avril 1970.

d'étoffe, côté jardin. Vers le fond de l'aire de jeu, une murette de grosses pierres sur laquelle, en début de pièce, Solange dépose deux robes, une blanche et une rouge, seuls accessoires, avec une paire d'escarpins rouges, dont les bonnes joueront. Pas de réveil ni de téléphone, leur sonnerie seulement et la présence suggérée du combiné derrière la cloison vitrée qui ferme le fond du plateau.

Ce dénuement appauvrit-il la pièce ou la gauchit-il ? Alain Ollivier répond : « Un poète japonais dit ceci : "Le vide est tout-puissant parce qu'il peut tout contenir. Dans le vide seul, le mouvement devient possible." Moi le vide ne m'a jamais fait peur, au théâtre, probablement parce que je suis acteur et que j'ai compris assez rapidement qu'on pouvait très bien occuper sur la scène une surface conséquente sans être entouré d'objets, sans arpenter la surface[1]. » Vide relatif d'ailleurs, car sur les trois côtés du rectangle que constitue le lieu, posées presque à terre, des centaines de bougies diffusent une lumière rare mais suffisante pour créer une atmosphère de cérémonie, de tension intérieure qui exige, en contrepoint métaphorique du vide scénique, une sorte d'immobilité et de silence. Bien plus, l'absence totale de support matériel pour le jeu souligne le caractère double et paradoxal de cette pièce : elle se nourrit du conflit précis des deux bonnes avec Madame et des deux bonnes entre elles — ce qui aboutit à leur autodestruction ; et pourtant ce conflit est, de part en part, théâtralisé, joué comme un artifice : par la surenchère, l'ironie, le dédoublement dû aux modulations de la voix et au codage gestuel. Théâtralisation qui s'entrelace avec le conflit, le contamine et se surimprime à lui, si bien qu'il devient impossible de faire le départ entre l'une et l'autre. Et ce résultat, qui rend parfaitement compte de la duplicité de la pièce, donne l'impression d'être dû au jeu sans filet (mais non sans effet) de trois comédiennes livrées aux seules ressources de leur voix et de leur mimique. Grâce à Alain Ollivier, la pièce se déchiffre comme un oxymore permanent

---

1. Entretien avec Alain Ollivier réalisé par Emmanuelle Lambert, juin 1998 (*Revue d'Histoire du théâtre*, 2001).

quoique constamment menacé d'inversion des signes : du joué au vécu et de l'interaction de l'un sur l'autre.

Alain Ollivier se réfère, pour s'y opposer, à « la rhétorique volontariste des années 70 ». Il semble que ces années se prolongèrent longtemps dans certains pays si l'on en juge par la mise en scène que l'Irakien Jawad El Assidi proposa en 1998[1] : postiches, maquillages outranciers, jeu survolté, cris, fureurs et fumées. *Les Bonnes* devient une descente aux Enfers, style *Cabinet du Docteur Caligari* : dès leurs premiers mots, les bonnes éructent leur haine de Madame, qui, à son arrivée, se mettra à leur diapason de violence et de surexcitation. Pauvreté de cet expressionnisme qui n'est guère justifié par les arrière-plans politico-religieux où le chiite Assidi règle ses comptes avec le terrorisme d'État irakien : « Sous la haine du semblable se tapit la haine de l'oppresseur. Assidi évoque l'oppression, la corruption, et le pouvoir qui ferme les yeux. La référence politique est claire[2]. » Mais *Le Balcon* se prêterait mieux que *Les Bonnes* à cette dérive. À laquelle s'oppose trait pour trait la mise en scène très esthétisante proposée par Moriaki Watanabé en 1995[3] ; son adaptation tend à accentuer deux aspects de la pièce qui prennent un relief particulier à être inscrits dans un climat japonais « à l'ancienne » : le cérémonial et l'homosexualité. L'atmosphère glacée et fastueuse où Moriaki Watanabé, grand spécialiste de littérature française, situe son travail redonne à la pièce son caractère d'étrangeté onirique, absent de maintes mises en scène occidentales, faute d'échapper à un réalisme (des costumes, des gestes, des lieux) qui ravale la pièce au quotidien ou au pathologique.

Entre le réalisme et l'onirique, Philippe Adrien, au Vieux-Colombier en 1996[4], a adopté une formule mixte et subtile.

1. À Beyrouth, dans une traduction de Hanan Kassab Hassan, avec Randa Asmar, Julia Kassar et Renée Dick, puis à Paris.
2. Texte anonyme tiré du programme.
3. Présentée au Théâtre X de Tokyo, le 14 octobre 1995, dans des décors de Michio Maruta, des costumes de Sonoko Watanabé, avec Masahiro Motoki en Claire, Ruokichi Aoyama en Solange et Mizuki Oura en Madame.
4. Décor de Goury ; interprétation de Catherine Hiégel, Dominique Constanza et Jeanne Balibar. Lors de la reprise de la pièce à la salle Richelieu, en 1999-2000, Jeanne Balibar a été remplacée par Muriel Mayette.

Il a rédigé à cette occasion un texte très riche où il aborde et essaie de résoudre les problèmes complexes que pose la pièce quant à son espace et à son décor, à sa distribution, à son type de jeu et à son interprétation dramaturgique[1].

Philippe Adrien a élaboré sa mise en scène à partir de réflexions largement nourries du Genet de *Comment jouer « Les Bonnes »* : le rideau se lève sur un décor classique et complet de style 1930 avec lit, secrétaire, coiffeuse, garde-robe, lampes de chevet, accessoires divers. Décor qu'on pourrait croire réaliste si les fleurs n'étaient artificielles et si les objets, après le départ de Madame, ne se mettaient à disparaître en s'enfonçant dans les murs : ils vident les lieux et dépouillent les bonnes de leurs supports fantasmatiques. Le réalisme est piégé et les choses ne sont que la concrétion des désirs secrets des deux filles : la fenêtre, par exemple, qui ouvre sur le monde et la liberté, apparaîtra murée de lourds parpaings, une fois leur délire mythomaniaque retombé et, définitive, la prise de conscience de leur échec. L'enfermement est tout intérieur comme la fête du travestissement n'était qu'une « fantaisie de triomphe », un cache-misère en somme. Le réalisme est également dénoncé — encore que dans le jeu il laisse des traces constantes et appuyées — par l'usage détourné du quatrième mur, cher à des partisans (comme Diderot ou Antoine) de la vérité dans l'art. Claire s'admire dans un miroir qui n'est autre que le public dans la salle ; c'est le spectateur qui renvoie au personnage sa propre image, mieux : qui le constitue comme tel. Idée éminemment genétienne (et sartrienne) qui va plus loin que l'inversion des sexes si souvent adoptée par les metteurs en scène. Basculant du rêve à la réalité, les bonnes vues par Adrien jouent à la fois leur ancrage dans une condition sociale et leur échappée vers une autre définition d'elles-mêmes, lourde d'aliénation : Solange et Claire s'épuisent à se poursuivre l'une l'autre au-delà de ce qu'elles sont : elles en meurent. Réalisme halluciné.

---

1. Texte publié dans *Instant par instant. En classe d'interprétation. Appendice : Comment jouer « Les Bonnes »*, Actes Sud, 1998.

La malléabilité des *Bonnes* est telle que la pièce se prête à toutes les métamorphoses, y compris à celle de la jouer non à cheval mais *en* cheval. En effet, si tout un chacun s'accorde pour dire que *Les Bonnes* est un rituel de mort nourri de sensualité, il a fallu attendre 1998 pour que la pièce voie cette triple dimension portée à un niveau d'incandescence rare par la mise en scène du Théâtre du Centaure : *Les Bonnes* y est interprété par trois acteurs-centaures dans un salon Louis XV[1]. Ainsi que le commente le dossier de presse : « Les deux bonnes, comme d'inquiétants émissaires nocturnes, se dressent sur deux superbes frisons noirs puissants et majestueux. Madame s'élève comme une citadelle imprenable sur un étalon blanc. Mais qui sont donc ces étranges personnages ? Ni homme, ni femme, ni animal, ni humain, tout cela à la fois. Pour la première fois, comédiens et chevaux fusionnent comme si la parole des acteurs sortait du ventre des animaux pour être ensuite projetée par le martèlement des sabots sur le sol. Lancés au grand galop, les corps humains et animaux se tendent, se mélangent et s'unissent. » Cette interprétation a reçu un accueil très favorable du public et de la critique. *Le Monde* écrit : « *Les Bonnes*, adaptées par le Théâtre du Centaure, ont imposé l'époustouflante maîtrise de leur parti pris. Sans que jamais ne transparaisse l'effort du dressage, ces centaures diront leur texte en vrais comédiens et incarneront jusqu'à l'extrême les émotions et les situations qu'il suggère. Domination, tension, frénétique fascination sexuelle, grâce, pulsion morbide... le rythme des sabots, l'écume des museaux, les croupes luisantes, leur odeur puissante, loin d'être des artifices, accentuent l'impact physique et la sensualité des mots de Genet. »

D'autres mises en scène s'annoncent, telle celle d'Alfredo Arias au Théâtre de l'Athénée en mars-avril 2001[2]. Si la distribution des trois personnages des *Bonnes* entre hommes et femmes continue à varier selon des dosages relevant d'intentions dramaturgiques précises, il est au contraire assez constant

---

1. Mise en scène et jeu de Camille Galle et Manolo Bez, à qui s'adjoint le comédien Bernard Quental.
2. Avec Alfredo Arias en Madame, Marilu Marini et Mariangela Melato en bonnes.

qu'on s'en tienne au texte de la version définitive, rarement à la première version éditée. Seul Philippe Adrien a choisi une voie médiane en mélangeant les deux versions.

À quoi est due cette souplesse de l'œuvre, soumise à des traitements dont certains ressemblent à des mises à la torture ? Sans doute au fait qu'elle évolue en un onirisme qui ouvre la porte à toutes les dérives de l'imagination des hommes de théâtre. Car l'onirisme des *Bonnes* ne tient pas à une débauche d'images poétiques, mais à la mise en jeu très physique d'une échappée permanente hors de soi vers un ailleurs dont les limites de la boîte scénique forment et ferment l'univers. C'est proprement ce que l'on appelle le théâtre dans le théâtre

BIBLIOGRAPHIE

BIBLIOGRAPHIE GÉNÉRALE

Richard C. Webb et Suzanne A. Webb, *Jean Genet and his Critics : An Annotated Bibliography, 1943-1980*, The Scarecrow Press, Inc., Metuchen, N.J. et Londres, 1982

BIOGRAPHIES

Albert Dichy et Pascal Fouché, *Jean Genet. Essai de chronologie, 1910-1944*, Bibliothèque de littérature française contemporaine, Université de Paris-VII, 1988.

Jean-Bernard Moraly, *La Vie écrite*, La Différence, Bordeaux, 1988.

Edmund White, *Jean Genet*, Gallimard, N.R.F. Biographies, Paris, 1993.

OUVRAGES CONSACRÉS POUR TOUT OU PARTIE À L'ŒUVRE DE JEAN GENET

Jean-Paul Sartre, *Saint Genet, comédien et martyr* (tome I des *Œuvres complètes* de Genet), Gallimard, Paris, 1952.

Georges Bataille, *La Littérature et le Mal*, Gallimard, coll. blanche, Paris, 1957.

Joseph McMahon, *The Imagination of Jean Genet*, Yale University Press, 1963.

Claude Bonnefoy, *Jean Genet*, « Classiques du xxᵉ siècle», Éditions universitaires, Paris, 1965.

Tom F Driver, *Jean Genet*, Columbia University Press, 1966.

Jean-Marie Magnan, *Essai sur Jean Genet*, «Poètes d'aujourd'hui », Pierre Seghers, Paris, 1966.

Richard N. Coe, *The Vision of Jean Genet*, Peter Owen, Londres ; Grove Press Inc., New York, 1968.

Bettina Knapp, *Jean Genet*, Twayne Publishers, New York, 1968.

Philip Thody, *Jean Genet, a Study of his Novels and Plays*, Hamish Hamilton, 1968.

Jacques Derrida, *Glas*, Galilée, Paris, 1974.

Camille Naish, *A Genetic Approach to Structures in the Work of Jean Genet*, Harvard University Press, 1978.

Jeannette L. Savona, *Jean Genet*, Londres, MacMillan Press, 1983.

Arnaud Malgorn, *Jean Genet. Qui êtes-vous ?*, La Manufacture, Lyon, 1988.

Maurice Chevaly, *L'Amour cannibale*, Le Temps parallèle, Marseille, 1989.

Véronique Bergen, *Jean Genet. Entre mythe et réalité*, De Boeck Université, Bruxelles, 1993.

Thierry Dufrène, *Portrait de Jean Genet, le scribe captif*, Adam Biro, Paris, 1995.

Marie-Claude Hubert, *L'Esthétique de Jean Genet*, SEDES, Paris, 1996.

Catherine Millot, *Gide, Genet, Mishima*, coll. L'Infini, Gallimard, Paris, 1996.

Hadrien Laroche, *Le Dernier Genet*, Le Seuil, Paris, 1997.

François Seintein, *L'Assassin et son Bourreau. Jean Genet et l'affaire Pilorge*, La Différence, Paris, 1999.

Marie Redonnet, *Jean Genet le poète travesti. Portrait d'une œuvre*, Grasset, Paris, 2000.

OUVRAGES CONSACRÉS POUR TOUT
OU PARTIE AU THÉÂTRE DE JEAN GENET

Michel Corvin, *Le Théâtre nouveau en France*, « Que sais-je ? », PUF, Paris, (1963), 1987

Leonard C. Pronko, *Théâtre d'avant-garde. Beckett, Ionesco et le Théâtre expérimental en France*, Denoël, Paris, 1963.

Martin Esslin, *Le Théâtre de l'absurde*, Buchet-Chastel, Paris, 1963.

Geneviève Serreau, *Histoire du « nouveau théâtre »*, Gallimard, Paris, 1966.

Bernard Dort, *Théâtre public (1953-1966)*, Le Seuil, Paris, 1967.

Jacques Guicharnaud, *Modern French Theater from Giraudoux to Genet*, New Haven and London, Yale University Press. 1967.

Lucien Goldman, « Le Théâtre de Genet : Essai d'étude sociologique », in *Contributions à la sociologie de la connaissance*, Anthropos, Paris, 1967.

Bernard Dort, *Théâtre réel 1967-1970*, Le Seuil, Paris, 1971.

Odette Aslan, *Jean Genet*, « Théâtre de tous les temps », Seghers, Paris, 1973.

Lewis T. Cetta, *Profane Play, Ritual, and Jean Genet : A Study of his Drama*, University of Alabama Press, 1974.

Jacques Petit, « Structures dramatiques dans *Le Balcon* et *Les Nègres* de Genet », in *L'Onirisme et l'Insolite dans le théâtre français contemporain*, Klincksieck, Paris, 1974.

Bernard Dort, *Théâtre en jeu 1970-1978*, Le Seuil, Paris, 1979.

Yvette Yvonne Marie Went-Daoust, *Le Symbolisme des objets et l'Espace mythique dans le théâtre de Jean Genet*, Oegstgeest, Drukkerij De Kempenaer, 1980.

Monique Borie, *Mythe et réalité aujourd'hui. Une quête impossible ? Beckett, Genet, Grotowski, le Living Theatre*, A. G. Nizet, Paris, 1981.

Roger Blin, *Souvenirs et propos*, recueillis par Lynda Bellity Peskine, Gallimard, Paris, 1986.

REVUES ET OUVRAGES COLLECTIFS

Genet, revue *Obliques*, n° 2, 3ᵉ trimestre 1972.
Masques, n° 3, Paris, 1973.
« Dossier Jean Genet », *Masques*, n° 12, hiver 1981/1982.
Les Nègres au port de la lune : Genet et les différences, La Différence, Bordeaux, 1988.
Jean Genet, Chiavi di Lettura, A.N.C.T., Rome, 1990.
Jean Genet, Magazine littéraire, n° 313, septembre 1993.
Jean Genet, revue *Europe*, n° 808-809, août-septembre 1996.

A PROPOS DES *BONNES*

Collectif, *Les « Bonnes » de Jean Genet dans la mise en scène de Victor Garcia*, in *Les Voies de la création théâtrale*, vol. IV, Éditions du CNRS, 1975, p. 103-315 (études de Denis Bablet, Marcel Oddon, Melly Touzoul, Odette Aslan, Myriam Louzoun, Catherine Mounier, Christiane Tourlet, Carmen Compte et Anne-Marie Gourdon).
Philippe Adrien, *Instant par instant. En classe d'interprétation. Appendice : comment jouer « Les Bonnes »*, Actes Sud, Le Méjan, Arles, 1998.
Claude Puzin, *Jean Genet. « Les Bonnes », « Le Balcon »*, Nathan, Paris, 1998.
Yves Chevallier, *En voilà du propre ! Jean Genet et « Les Bonnes »*, L'Harmattan, Paris, 1998.

NOTES

COMMENT JOUER « LES BONNES »

Page 9.

1. « Furtif » : le sens étymologique du mot est « voleur ». Quand on sait la place du vol dans la stratégie sociale de Genet, on devine combien le jeu des bonnes va être chargé d'intentions. Il est dit un peu plus loin que le jeu « sera furtif afin qu'une phraséologie trop pesante s'allège et passe la rampe ». Genet a conscience en 1962 (date de composition de ce texte qui sera publié avec une nouvelle édition de la pièce par les Éditions de L'Arbalète en 1963) que son œuvre souffre d'un excès de rhétorique et d'une certaine complaisance langagière. Concernant les gestes, la voix, la stature et l'allure des comédiennes, il multiplie les injonctions qui révèlent la même intention que le mot « furtif » : tout, par « la monotonie du jeu », doit viser à une sorte de neutralité, de discrétion, d'effacement, de distance, propres à créer l'atmosphère d'un conte, car « il s'agit d'un conte », donc d'un récit imaginaire, très proche du rêve.

2. Cette proposition peut avoir inspiré un jeu de scène inventé par Victor Garcia dans sa mise en scène de 1970 et 1971 : juchées sur de hauts cothurnes, les bonnes, parfois, enlevaient l'un ou l'autre et marchaient alors à cloche-pied.

3. Genet s'en prend sans doute ici à la mise en scène de Peter Zadek qui, en 1952, avait transformé les bonnes en

prostituées. Zadek était particulièrement mal vu de Genet
depuis qu'à ses yeux il avait massacré son *Balcon* (en 1957).

Page 10.

1. « Il ne faut pas qu'elles soient jolies » : autre allusion à
une mise en scène, celle de Jouvet, où les personnages des
bonnes étaient tenus par deux charmantes et toutes jeunes
comédiennes, Yvette Étiévant et Monique Mélinand.
2. « Comme disent les Grecs... » : l'image est forte ; elle ne
peut venir des Grecs anciens puisque tous les rôles étaient
alors tenus par des hommes.

Page 11.

1. « C'est un conte » : Genet donne de ce mot une définition par équivalence, « une forme de récit allégorique », c'est-
à-dire l'incarnation, l'animation d'une idée, d'une abstrac-
tion. Ni les bonnes ni Madame n'existent en tant que telles (et
encore moins en tant qu'êtres sociaux) ; elles sont les porte-
voix de Genet dans le combat qu'il mène avec lui-même face
à son image dans le miroir de ses personnages. Autrement
dit, les jeux de métamorphose et de reflets à n'en plus finir de
Claire en Solange, de Claire en Madame, voire de Madame
en bonne, tels que Genet les exalte à toutes les étapes de leur
élaboration (tâtonnements et restrictions mentales puis épa-
nouissement triomphant), ne sont que les signes d'une recherche autre : soi-même multiple et insaisissable, un et solitaire.

Page 12.

1. Le ton est net, voire cassant. Ce n'est pas un hasard si
ce texte paraît en 1963, à une époque où Genet est beaucoup
joué : *Le Balcon* en 1960, *Les Paravents* en 1961 (en Allema-
gne), *Les Bonnes* en 1963 par Jean-Marie Serreau avec des
comédiennes noires. Ce sont là autant d'incarnations de son
œuvre qui lui paraissent douloureuses et l'appellent à la vigi-
lance. C'est pourquoi il ne cesse de ramener la pièce à soi, y
compris dans sa pirouette sur le langage de ses bonnes : il se

substitue à elles — plus encore qu'il ne s'identifie — **pour** leur faire parler son propre langage. La circulation que Genet entend instaurer entre le plateau et la salle établit une subtile dialectique du décentrement où le théâtre n'est plus sur la scène, mais tout dans l'esprit du spectateur. Ce qui fonde une nouvelle esthétique de la réception.

2. On pourrait s'étonner d'un choix de décor réaliste, en contradiction avec tout ce que Genet affirme ailleurs. En fait il s'agit ici d'une référence au passé et à la mise en scène de Jouvet dans les décors de Christian Bérard. De plus, la suite indique bien que le réalisme doit être mis en « décalage » (le mot est de Genet dans sa *Lettre à Pauvert*, parue dans l'édition de 1954 et reprise dans *Fragments... et autres textes*, Gallimard, coll. blanche, 1990, p. 103) avec l'extravagance des robes et le jeu titubant.

Page 13.

1. La pièce de Genet a été beaucoup traduite dans les années soixante, notamment en russe.

2. Genet a conscience qu'un espace ouvert, à Épidaure, et un espace fermé, dans un théâtre à l'italienne, imposent des styles tout différents de scénographie et de jeu Dans un espace ouvert, les actrices ne chercheront pas à créer l'illusion scénique : elles joueront à jouer, sans rien dissimuler des artifices du théâtre.

LES BONNES : VERSION DÉFINITIVE

Page 15.

1. Genet avec l'indication « Sur une chaise, une autre petite robe noire [...] » dépose des indices propres à alerter un spectateur attentif sur le caractère insolite de la situation. Il y en aura d'autres, dans les gestes (le crachat pour cirer des escarpins vernis), dans des excès de vocabulaire (« remporte tes crachats »), dans des renversements d'autorité (Solange, d'humble devient d'un coup autoritaire), dans des indications

de mise en scène interne (« Ce n'est pas le moment d'exhumer »). Habilement, Genet saupoudre tous ces signaux de façon à piéger le spectateur le plus longtemps possible. Le lecteur sachant, lui, qui est qui, ne peut se laisser tromper au-delà de la première réplique.

2. Les noms de personnages ne sont pas le fruit du hasard : à celui de Claire sont attachées toutes sortes de connotations (luminosité, lucidité) dont Genet joue abondamment. Solange est à la fois solaire et céleste ; c'est surtout le prénom de la plus proche amie de Genet dans le village du Morvan où il vécut son enfance. Ce nom figure dans *Notre-Dame-des-Fleurs*, tandis que Mario apparaît dans *Querelle de Brest*, roman rédigé peu de temps avant *Les Bonnes*.

3. La coiffeuse n'apparaît pas dans les indications scéniques du début, et pas davantage, plus tard, l'armoire ; leur situation dans l'espace n'est pas précisée.

4. Ce « souvent » (« assez souvent », « trop souvent » dans d'autres versions) indique que la bonne (Solange) n'arrive pas à se débarrasser de ses mauvaises habitudes. Il signale aussi, par avance, que cette situation se répète, donc que nous assistons à une sorte de rituel.

Page 16.

1. Les mains et les doigts occupent, dans la gestuelle des *Bonnes*, une place centrale. Ce sont des mains d'étrangleuse (c'est ainsi que se présente Solange : « celle qui étrangla sa sœur »). À partir de cette image fondatrice, les mains servent à manifester un « tragique exaspéré », comme, à la fin, fermant la boucle, à évoquer l'arrestation de la coupable (« les mains croisées comme par des menottes »). Les mains de Solange ont déjà manqué étrangler Claire (« Quand nous accomplissons la cérémonie, je protège mon cou ») et Madame (« Ce qui compose une bonne : j'ai voulu l'étrangler »). Les mains sont l'instrument répugnant du contact (« N'égarez pas vos mains [...] elles empestent l'évier » ; « Tenez vos mains loin des miennes votre contact est immonde ») et de l'action criminelle (« Toi, sans t'occuper si mes mains tremblaient en fouillant les papiers

[...] »). C'est à des signes comme ceux-là, où une image obsédante s'exprime à la fois en gestes et en mots, qu'on peut juger de la qualité dramatique et scénique d'un texte.

2. Claire passe au « vous ». Faut-il en conclure que tout l'échange qui précède est encore hors jeu et que Claire s'adresse à sa sœur Solange et non à sa bonne qu'elle va appeler Claire ? Il est plus probable que les deux bonnes soient encore dans un état de semi-métamorphose : leur jeu a déjà commencé (« le bras tendu ») mais le transfert d'identité n'est pas encore tout à fait achevé.

Page 17.

1. L'antéposition du complément d'objet direct est une tournure archaïque abandonnée depuis le XVIIIᵉ siècle. Genet aime ces clins d'œil au « vieux style » (comme dirait Beckett), combinés éventuellement avec un vocabulaire « bas ». On en trouvera d'autres exemples dans le texte : « L'humilité de votre condition vous épargne quels malheurs ! » (p. 68). Genet aime filer la métaphore (« crachats », « salive », « brume », « marécages » appartiennent au même champ sémantique) et aussi jouer avec les sonorités, jusqu'au calembour · « Penchez vous / Pensez-vous », « dépouillées / pouilleuses », « ris / vis », « ma traîne / traînée ».

Page 21.

1. En déclarant qu'elle a dénoncé Monsieur, Claire ou bien se trouve en pleine incohérence (elle nuit à celui qu'elle aime passionnément) ou bien dénonce sa véritable identité de bonne, celle qui a écrit les lettres en question. La tirade suivante est aussi ambiguë, qui mélange les deux points de vue contradictoires de Madame et de la bonne. Il y a surimpression des deux identités : celle du jeu dont il faut respecter les règles et les étapes (« Ce n'est pas le moment d'exhumer » ; « tu sens approcher le moment où tu quittes ton rôle ») et celle de la réalité, elle-même ambiguë, puisque le lien des bonnes à Madame est d'amour-haine

2. Trois couleurs s'affrontent dont la symbolique est complexe : le rouge de la sensualité et, plus tard, du crime ; le noir, couleur du deuil ; le blanc, également couleur de la mort et du deuil. Longtemps en Europe, notamment à la cour des rois de France, le blanc eut cette valeur. Ce que signale Genet (« la robe blanche est le deuil des reines »), très féru d'histoire et en particulier de celle de l'Ancien Régime. Le deuil noir est la chute définitive dans le néant alors que le blanc présage une renaissance (« Le roi est mort, vive le roi », proclamait-on à la Cour). Le rouge est la couleur du sang, des criminels et des bourreaux qui le répandent (« je porte la toilette rouge des criminelles », dira Solange dans son monologue terminal). Mais le rouge est aussi couleur de la vie, synonyme de jeunesse, de santé, de richesse et d'amour. Associé au velours, l'écarlate est lourd de connotations érotiques.

Page 22.

1. Genet détourne la formule usuelle « Tu te jetterais au feu » (utilisée dans la première version éditée) pour lui donner un tour sarcastique.

Page 27

1. « T'exalter » est ce qu'indique la « version définitive ». Pourtant « l'exalter », qui est le terme proposé dans la « première version éditée » paraît, logiquement, s'imposer. On est cependant enclin à penser que la divergence entre les deux versions est volontaire Il faut comprendre alors que plus Madame provoque sa (fausse) bonne en l'humiliant, plus elle lui donne d'occasions d'exacerber sa révolte.

Page 28.

1. Le jeu commence vraiment à cet instant et atteint tout de suite son paroxysme.

Page 29.

1. Genet ne propose aucune indication scénique qui permette de saisir la tonalité précise de ces deux « Claire ! » et du « Claire, Solange, Claire » qui suit. C'est au lecteur d'« entendre » la mise en garde contenue dans cette apostrophe. Solange

ne doit pas oublier que dans le jeu elle s'appelle Claire.
Même discrétion de l'auteur dans « c'est ma faute... » (p. 91)
qu'il faut lire comme une antiphrase.

Page 31.

1. Le mot « tirade » est à double entente : pris figurativement
il souligne le caractère répétitif et prévisible des reproches
que Claire adresse à Solange ; pris au sens propre, il désigne
la théâtralité de la situation : les bonnes sont en représentation.

Page 38.

1. Marie-Antoinette est l'une des figures historiques favo-
rites de Genet (voir *L'Ennemi déclaré*, p. 18). On trouve des
allusions à cette reine aussi bien dans *Notre-Dame-des-Fleurs*
que dans *Un captif amoureux*. Solange, dans son grand monologue de la fin, se comparera implicitement à elle. Quand
Solange dit à sa sœur : « Tu pourras continuer en prison », cela
veut-il dire que l'identification de Claire à Madame continue,
malgré le retour à la réalité, ou Solange anticipe-t-elle sur
l'échec et la punition de leur dénonciation abusive ?

Page 43.

1. « Tire la première » est une allusion directe à la fameuse
phrase lancée aux Anglais par le Maréchal de Saxe lors de la
bataille de Fontenoy.

2. Le *La Martinière* était le principal navire à assurer entre
1922 et 1938 (date de la suppression du bagne de Guyane) la
liaison entre Saint-Martin-de-Ré et Saint-Laurent-du-Ma-
roni. Il disposait d'un aménagement intérieur spécial qui lui
permettait de transporter dans ses cellules à fond de cale
jusqu'à huit cents condamnés.

Page 44.

1. Les chiourmes désignent l'ensemble des condamnés au
bagne. Le mot est utilisé ici étrangement pour « garde-chiour-
mes ». L'allusion biblique est claire, encore que passablement
irrévérencieuse : il n'a jamais été question dans les textes sa-

crés de « porter la croix du mauvais larron » ni de lui « torcher le visage ». Dans le système d'inversion des valeurs propre à Genet, ce n'est plus du Christ que les saintes femmes essaient de soulager les douleurs mais du « méchant ». Et Véronique se transforme en prostituée (voir la n. 1, p. 60).

Page 53.

1. Le *Bilboquet* était, après la guerre de 1940-1945, un des cabarets élégants du faubourg Saint-Germain.

Page 56.

1. Le gardénal est un barbiturique très courant dans les années 1930 et néanmoins mythique, employé par toutes les empoisonneuses romanesques. Envisageant son suicide, Divine évoque, dans *Notre-Dame-des-Fleurs*, « le chant du gardénal » (p. 71).

Page 60.

1. Genet, nourri de culture catholique et de lectures hagiographiques, mêle constamment la religion au crime, la première servant à donner à l'autre l'aura de la Valeur. D'où des allusions sans nombre aux images et au vocabulaire du christianisme : au « mauvais larron », à saint Vincent de Paul, au salut, à la Vierge, au « velours rouge des abbesses », aux « dévotions », aux « agenouillements », aux litanies de Madame (avec la reprise anaphorique des mêmes mots), au « reposoir », à la « sacristie », à Dieu même pour qui « va être représenté le dernier drame » (cela dans la première version éditée).

Page 69

1. La rencontre de « depuis longtemps » avec « je viens de » constitue un oxymore des plus curieux.

Page 75.

1. Là où la première version éditée se contente d'une phrase passe-partout (« Madame se laisse aller. Il faut se res-

saisir »), la version définitive développe toute une stratégie de la provocation poussant Madame à révéler sa vraie nature de coquette qu'elle réussit à concilier avec sa volonté de deuil. L'alliance des contraires a un effet satirique et humoristique évident : Madame se laisse manœuvrer comme une enfant par sa bonne.

Page 77.

1. À la place de Lanvin, les deux premières versions de la pièce publiées par Pauvert en 1954 proposaient « Chanel », que Genet avait rencontrée dans l'entourage de Cocteau et qui réalisa les costumes de plusieurs de ses pièces. À la suite d'une brouille avec la couturière qui avait refusé d'embaucher la compagne d'un de ses protégés, Genet supprima son nom dans l'édition de 1958 et le remplaça par celui de Jeanne Lanvin, que Christian Bérard lui avait présentée.

Page 80.

1. Le jeu de scène de Solange saluant sa sœur est un ajout de la version définitive. Il produit une interférence — c'est un cas unique dans la pièce — de la cérémonie jouée et de la situation vécue, Madame, la vraie, étant à la jonction des deux.

Page 82.

1. D'autres versions (celles de 1954 notamment) proposent de façon plus logique « Dépêche-toi ». Par « est supposé » Genet veut dire que le lapsus n'est pas voulu par l'auteur, mais qu'il le suppose commis par le personnage. Sans doute pour souligner que la bonne est une en deux personnes.

Page 83.

1. La référence au magazine *Détective*, qui se présente en sous-titre comme « le grand hebdomadaire des faits divers », est d'autant plus ironique que c'est précisément cette publication qui avait donné à l'affaire des sœurs Papin son plus grand

retentissement, notamment dans sa livraison du 9 février 1933 qui réservait, quelques jours après le meurtre, sa couverture et sa « une » à une photographie « pleine page » des deux domestiques, et dans celle du 5 octobre 1933 qui relatait les attendus du jugement. Cité à maintes reprises, le magazine constitue probablement la source non littéraire la plus importante de Genet. Il est lu non seulement par ses personnages (Claire et Solange, mais aussi Divine ou Mignon-les-Petits-Pieds) mais aussi par le narrateur des récits qui y apprend l'histoire de Pilorge ou l'arrestation de ses amis (*Journal du voleur*, p. 53-54). Fondé en octobre 1928 et dirigé à l'origine par Georges Kessel, l'hebdomadaire, publié discrètement par Gaston Gallimard, connaît dans les années 1930 un succès foudroyant : 350 000 exemplaires vendus en moyenne chaque semaine. Ses articles sont alors souvent signés par des auteurs ou des reporters de talent : Joseph Kessel, Philippe Henriot, Pierre Mac Orlan, Francis Carco ou Georges Simenon. Nourri par la chronique des tribunaux et les faits divers, il accueille aussi de grands reportages sur des problèmes généraux touchant à la délinquance, et notamment sur le bagne et les maisons de correction. L'illustration y joue un rôle important qui contredit parfois le ton moralisateur des articles par une mise en scène et en vedette des grandes figures du crime. On comprend que Genet y ait puisé une bonne part de la mythologie qui alimente ses premiers écrits

Page 84.

1. « Tu te fardes ! » : cette remarque de Madame révèle le coup d'œil du dramaturge qui se « met dans la peau » de son personnage : Madame, désœuvrée et en attente de taxi, regarde sa bonne pour la première fois et la perce à jour. Genet a, pour ainsi dire, saisi le rythme corporel de son personnage.

Page 85.

1. « Cendre de roses » : nom d'un fard à joues, popularisé par la marque Bourjois, très en vogue dans les années 1930.

Page 87.

1. D'une version à l'autre, Genet a inversé la situation dans l'espace. Dans la première version éditée, Claire est sortie pour remettre le réveil à sa place ; restée seule, Madame s'interroge et accuse ses bonnes de négligence ; néanmoins Claire, rentrée silencieusement, entend sa dernière phrase et réagit. Dans la version définitive, Madame est sortie de scène, ce qui permet à Claire de se réciter les litanies des bontés de Madame. D'une version à l'autre, l'importance de la bonne s'est accrue.

Page 91.

1. Ce monologue de Claire, qui appartient à la version définitive, complète habilement les litanies de Madame qu'elle n'a pas eu le temps d'achever. L'accent, à la fois religieux et désespéré, donne comme la tonalité d'échec de ce qui va suivre ; il apporte une sorte de commentaire au dénouement que constitue le départ en force de Madame.

LES BONNES : PREMIÈRE VERSION ÉDITÉE

Page 119.

1. Genet a beaucoup hésité sur le choix des pronoms. Les deux versions publiées par Pauvert en 1954 proposent, l'une : « nous méprise [...] nous a fait un gosse », l'autre : « nous méprise [...] vous a fait un gosse » ; c'est postérieurement que Genet adoptera définitivement : « vous méprise [...] vous a fait un gosse ». Même jeu sur les adjectifs possessifs, plus loin, avec « vos dévotions (p. 122) » et « nos agenouillements », dans la version définitive. Il est clair que la présente version est la plus étrange et la mieux faite pour jeter le doute sur la véritable identité de Claire-Madame.

Page 120

1. La « première version éditée » de 1954 propose « orthographe » ! Si ce n'est pas une coquille, c'est un gag dû, on l'espère, à l'esprit facétieux de Genet.

Page 124.

1. Le texte dactylographié propose « tu peux », plus vraisemblable que « tu veux ».

2. Toutes ces répliques, qui ont été supprimées dans la version définitive, soulignent avec netteté (peut-être trop) que l'hostilité des bonnes à Madame est déterminée par leurs liens de dépendance, la bonne incarnant la vengeance et Madame en étant le support, car elle contient en elle « toutes les ressources de la haine » en tant que patronne. Cet aspect « sociologique » de la pièce, qui apparaît très nettement dans les variantes manuscrites du texte, sera totalement gommé au fur et à mesure des versions.

Page 132.

1. L'imagerie du « milieu », telle qu'elle apparaît dans les romans de Genet, l'emporte sur la vraisemblance. On peut mettre au compte de la compensation fantasmatique et de la lecture de *Détective* la métamorphose des deux bonnes en prostituées et de Monsieur en voleur, sinon en souteneur.

2. Genet fait du style : ces palmiers sont sans doute ceux qui égayent le paysage de Cayenne où Monsieur risque d'être envoyé comme bagnard. Cette phrase ainsi que, plus loin, celle où Solange est dite « encore illuminée par le couchant » ont été supprimées à la représentation, par Jouvet, sans doute pour abus de métaphore.

Page 137.

1. Cette phrase qui a été supprimée dans la version définitive donne au laitier une importance et un rôle dus sans doute à la place qu'il tenait dans la version initiale à quatre personnages où il apparaissait en chair et en os.

Page 138.

1. Genet a sans doute trouvé dans *Détective* ou quelque histoire romancée des Grandes Criminelles cette triple « envolée » des empoisonneuses (« soulevée [...] vers le crime », « portée par le vent », « soutenue [...] par le fantôme »). L'idée du gar-

dénal et l'image de l'envol utilisée par les bonnes (« le tragique va nous faire envoler par la fenêtre », dit Claire ; « je monte, je monte », annonce Solange lors de son dernier dialogue avec Claire-Madame) viennent directement de ces lectures. Le fantasme relaie et renforce la réalité, elle même fantasmatique : la marquise de Venosa par son crime était « soutenue sous les bras par le fantôme de son amant », comme Claire sera « soutenue par les bras solides du laitier ».

Page 149.

1. Cette phrase fait directement le lien avec *Haute surveillance* où Maurice raconte le crime de Yeux-Verts, assassin d'une jeune fille : « Quand on ne retrouvait pas le cadavre c'était beau. Tous les paysans cherchaient. Les flics, les chiens ! » (édition de 1947). La phrase des *Bonnes* se trouve dans un long passage de deux pages, supprimé dans la version définitive, où Claire donne à Madame des conseils de coiffure sur un ton très bourgeois. Un peu plus loin, le dialogue est encombré de détails domestiques. Sans doute conseillé par Jouvet, Genet a supprimé tout cela au nom de l'efficacité dramatique et pour gommer l'aspect trop terre à terre des rapports des bonnes avec leur patronne.

Page 154.

1. Cette référence aux objets permet de constater toute la distance qui sépare la première version éditée de la version définitive. Dans la première, il est simplement question d'« un objet qui peut enregistrer nos grimaces et les redire », alors que dans la deuxième les objets (téléphone, réveil, poudre sur les meubles, fard sur les joues), doués de volonté méchante, se lient pour trahir et accuser les bonnes.

Page 158.

1. Cette scène sadique a sans doute paru trop brutale à Jouvet qui pouvait difficilement l'intégrer dans « la tragédie des confidentes » qu'était pour lui la pièce. Brutale et d'un érotisme direct : Solange se substitue à Monsieur (« je suis à la fois le voleur et son ombre soumise ») pour jouer le rôle de

la femme virile et accomplir sur Claire le geste de l'étranglement qui — comme à la fin de *Haute surveillance* — est la métaphore d'une décharge sexuelle. On remarquera que les bonnes sont à la fois dans la cérémonie (adresse de Solange à « Madame ») et dans le réel (Claire invite Solange à plus de retenue : « Solange, je t'en prie, je sombre »).

Page 162.

1. Solange en veut particulièrement à Madame de son ironie, forme de mépris déguisé en sourire. Cette motivation de la haine disparaîtra dans la version définitive qui fera de la bonté de Madame une forme encore plus sournoise — et impardonnable — de rejet.

Page 163.

1. La Lemercier fait manifestement écho (par l'article défini, le nombre de syllabes du mot et la similitude de sonorités finales) à La Brinvilliers, souvent désignée comme « la célèbre empoisonneuse du XVIIᵉ siècle ». C'est là un signe supplémentaire des lectures historiques de Genet.

Page 167.

1. Il est difficile de suivre Solange dans cette dernière tirade. Si Claire vient de boire le tilleul empoisonné, on comprend que Solange dise que Madame est morte puisque Claire s'est identifiée à elle. Mais comment interpréter la phrase suivante : « Ses deux bonnes sont vivantes : elles viennent de surgir, délivrées de la forme glacée de Madame », sinon comme une anticipation *post mortem*. Les bonnes, par leur crime, ont accédé au salut, c'est-à-dire à une nouvelle vie, vie de bienheureuses Il y a du christianisme dans cette vision eschatologique des « saintes filles ».

RÉSUMÉ[1]

Les Bonnes, pièce en un acte, ne comporte aucune division en scènes. On peut néanmoins, pour les besoins d'un résumé, la distribuer en cinq moments :

1. Deux femmes, l'une vêtue d'une petite robe noire de domestique, l'autre encore en sous-vêtement, s'affrontent. La domestique, appelée Claire par la seconde femme désignée, elle, du nom de Madame, subit des injures humiliantes et des ordres brutaux auxquels elle répond par des assauts de servilité. Madame se fait habiller par Claire d'une robe rouge somptueuse tout en lui manifestant son mépris. Pendant qu'elle se vêt, se chausse et se pare de bijoux, la conversation roule sur l'amant de Madame, Monsieur qui, à la suite d'une dénonciation de celle-ci, se trouve en prison. La haine de Madame pour sa bonne atteint un paroxysme verbal relayé par un geste brutal jusqu'au moment où, les rôles s'inversant, Madame perd de son assurance tandis que Claire, agressive, laisse exploser une haine et un désir de vengeance qui se manifestent par des injures grossières et des violences physiques : gifle et tentative d'étranglement. Madame n'est sauvée du geste criminel que par la sonnerie d'un réveil qui ramène les deux femmes à la réalité et à leur véritable condition.

---

1. Bien que les deux versions des *Bonnes* que nous publions présentent des variantes notables, leur ligne fabulaire est *grosso modo* la même, ce qui justifie un résumé unique pour les deux.

2. Le spectateur comprend alors que les deux femmes
sont sœurs et bonnes : Claire jouait à Madame, la patronne,
et Solange à Claire ; elles mêlaient leur rêve (le départ de
Monsieur pour le bagne en compagnie de Claire-Madame)
à la réalité, peut-être elle-même fantasmée (la dénonciation
de Monsieur, leurs conditions de vie sous les combles, la
fréquentation du laitier). On saisit aussi *a posteriori* que tout
le début était un jeu maintes fois répété et strictement minuté,
chacune des deux sœurs devant s'en tenir à un rôle imparti,
sans brusquer les étapes ni dépasser un certain degré de violence codée. Ce qui n'avait pas été le cas avec les excès
commis par l'une et l'autre. L'épisode de la dénonciation de
Monsieur est aussi, dans ce système de représentation rejouée
chaque soir, un élément de déséquilibre qui ouvre la fable
sur une inconnue.

Le jeu de rôles avait lieu pendant les absence de Madame.
En attendant son retour (annoncé par la sonnerie du réveil),
les bonnes font alterner, dans leurs attitudes et leurs dialogues,
les moments de tendre affection et de rivalité hargneuse, se
renvoyant l'une à l'autre les reproches de négligence et de
maladresse dans l'exécution de la « cérémonie ». Comme pré-
cédemment, Solange fait montre d'une violence qu'elle tourne
tantôt contre sa sœur, tantôt contre Madame. Le ton monte
jusqu'à la proclamation d'une haine réciproque : Claire ironise
sur la passion hallucinée que Solange nourrit pour Monsieur ;
Solange lui renvoie la balle et l'accuse de construire tout un
monde de chimères amoureuses autour de l'amant de Madame. Ces accusations croisées dissimulent mal le désarroi des
bonnes, accablées de lâcheté et de jalousie. S'énonce déjà,
dans la bouche de Solange, un double projet d'action dont
les deux axes convergeront pour constituer le dénouement
étrangler Madame et tuer sa sœur pour la délivrer de l'emprise délétère de celle-ci. Ce qui aboutira, pour Claire incarnant Madame, à se faire empoisonner par sa sœur.

3. Nouvelle péripétie : le téléphone sonne. Claire qui décroche apprend de la bouche même de Monsieur qu'il est libre
et qu'il donne rendez-vous à Madame dans une boîte de nuit.
Les deux bonnes sont effondrées : leur machination, à base de

lettres anonymes et de viol de correspondance, va être découverte. À nouveau la responsabilité de l'échec est rejetée par Claire sur Solange qui n'a pas eu le courage de tuer Madame. Claire décide alors de recourir au gardénal et, pour se donner du cœur à l'ouvrage, les deux sœurs ressassent leur rancœur. Un moment de répit et de relatif bonheur s'ensuit, où les deux bonnes restent immobiles et quasi silencieuses dans une suspension du temps.

4. Nouvelle sonnerie. Cette fois-ci, c'est Madame qui revient. Elle se lamente sur elle-même plus encore que sur Monsieur tout en faisant à ses bonnes le reproche de mal partager sa douleur. Un véritable dialogue, d'égale à égale, s'instaure entre Solange et Madame tandis que Claire est sortie pour préparer le tilleul empoisonné. Solange essaie de consoler sa patronne et l'invite à ne pas dramatiser la situation de Monsieur ; elle fait preuve d'autorité, en connaisseur qu'elle est des arcanes de la police et de la justice. Néanmoins désespérée, Madame décide d'abandonner la vie mondaine et de faire don à ses bonnes de ses plus beaux atours. Mais elle s'aperçoit que le récepteur du téléphone a été déplacé et apprend que Monsieur a téléphoné. Elle annule toutes ses donations et expédie d'urgence Solange chercher un taxi. Pendant cet intermède, elle examine de près les lieux et Claire, et découvre toutes sortes de détails insolites, notamment le maquillage de sa bonne. Elle refuse de boire le tilleul malgré ses supplications et, quand enfin Solange revient avec un taxi, elle s'échappe en claquant la porte.

5. À nouveau seules, les bonnes ne peuvent que remâcher leur échec et s'en renvoyer la responsabilité. Elles envisagent et écartent diverses solutions : fuir, voler. Reste à relancer le jeu avec derechef Claire dans le rôle de Madame. L'identification s'en réalise concrètement quand Claire enfile la robe blanche de Madame par-dessus sa petite robe noire, et, par ses mépris, incite sa sœur à l'injurier. Solange s'exalte tant et tant qu'elle inquiète sa sœur qui voudrait mettre fin au jeu. Trop tard. Solange s'approche de Claire, à nouveau menaçante (comme au premier moment de la pièce) et elle l'assassine métaphoriquement en la poussant dans un coin. Suit un très

long et très célèbre monologue où Solange mêle temps et
lieux, fait parler les absents et se proclame à la fois condamnée et glorieuse de l'être puisque, par son crime, elle a acquis
le droit d'être désignée par son nom : elle n'est plus la bonne
mais La Lemercier. Mais dans le lâchez-tout de ce fantasme
verbalisé elle a épuisé ses ressources et voudrait redescendre
à la banalité de sa situation réelle. Claire l'en empêche qui,
agissant avec l'autorité de Madame, enjoint à sa sœur de lui
verser le tilleul empoisonné. Ce que fait Solange, après quelque hésitation.

Et le rideau tombe sur ce geste en forme de double suicide
ou, du moins, de double autodestruction qui est en même
temps chance de salut : Madame meurt sous les apparences
de Claire ; Solange satisfait enfin son désir de se magnifier
par le crime et le châtiment qui s'ensuivra ; toutes deux réa-
lisent le « couple éternel, du criminel et de la sainte ».

DU MÊME AUTEUR

COLLECTION FOLIO THÉÂTRE

Composition Nord Compo.
Impression CPI Bussière
à Saint-Amand (Cher), le 20 novembre 2008.
Dépôt légal : novembre 2008.
1ᵉʳ dépôt légal dans la collection : janvier 2001.
Numéro d'imprimeur : 083631/1.
ISBN 978-2-07-041281-5./Imprimé en France.